Duden Allgemeinbildung

Eselsbrücken

Duden Allgemeinbildung

Eselsbrücken

Die schönsten Merksätze und ihre Bedeutung

Dudenverlag

Mannheim · Zürich

Bibliografische Information der Deutschen Nationalbibliothek
Die Deutsche Nationalbibliothek verzeichnet diese Publikation in der Deutschen Nationalbibliografie; detaillierte bibliografische Daten sind im Internet über http://dnb.d-nb.de abrufbar.

Bibliographisches Institut GmbH, Dudenstraße 6, 68167 Mannheim

E D C B A

ISBN 978-3-411-04180-0

Auch als E-Book erhältlich unter:
ISBN 978-3-411-90342-9

Autor Wolfgang Riedel, Professor für Cultural Studies, Mainz
Redaktion Ulrike Emrich
Herstellung Judith Diemer
Layout Farnschläder & Mahlstedt, Hamburg
Umschlaggestaltung Hemm-communication.design, Filderstadt
Umschlagabbildung Alan Carr / Font Animals: Esel
Satz Moers Fotosatz, Viersen
Druck und Bindung CPI books GmbH, Birkstraße 10, 25917 Leck

www.duden.de

Inhalt

Alltagswissen

81 Mit Knochen 31, ohne Knochen 30.

91 Rot heißt warten, Grün heißt starten.

95 Siehst du die Schmetterlinge tanzen, kannst du getrost schon draußen pflanzen.

97 Spürst du schon Zipperlein und Gicht, dann trinke besser Rotwein nicht.

98 Stiller Zug, leichte Brise, mäßig frischer, dann starker Wind, noch steifer, stürmischer, dann Sturm, erst schwer, dann orkanartig, dann Orkan, da wackeln Baum und Turm.

109 Wein auf Bier, das rat ich dir; Bier auf Wein, das lasse sein.

110 Wenn die Schwalben tiefer fliegen, werden wir bald Regen kriegen.

115 Zebrastreifen zeigen jedem an, wo man sicher gehen kann.

Geografie

30 Berliner Hamburger müssen köstliche Frankfurter essen.

31 Brigach und Breg bringen die Donau zuweg.

56 Gut, Junge, wir essen gleich etwas.

58 HOMES

62 Iller, Lech, Isar und Inn fließen rechts zur Donau hin. Altmühl, Naab und Regen kommen links entgegen.

65 Inn von Süd und Ilz von Nord treffen sich am gleichen Ort; mit der Donau geht's bergab bis zum Schwarzen Meer hinab.

68 June – too soon, July – be shy, August – must, September – remember, October – over.

70 Kennt so doch kein Pennäler.

79 MeGuSaHoNiCoPa

81 Mosel, Saar, Nahe, Rhein schließen rings den Hunsrück ein.

91 Rüdiger und Ferdinand sind Förster.

98 Stalagmiten mieten sich unten ein, Stalaktiten tröpfeln träge von der Decke.

109 Welcher Seemann liegt bei Nacht im Bett?

114 Wo Werra sich und Fulda küssen, sie ihren Namen büßen müssen, und hier entsteht durch diesen Kuss, deutsch bis zum Meer, der Weserfluss.

116 Zugi, Glocki und Monti schauen auf zu Evi.

Geschichte

19 Acht null null, Karl der Große stieg auf den Stuhl.

21 Alle ehemaligen Kanzler bringen sonntags keine Schokolade mit.

22 An den Iden des März vierzig vier nimmt Brutus Caesar ins Visier.

24 Arme Armada eins – fünf – acht – acht, England wird Seemacht und Drake, der lacht.

25 Armin schlug den Varus richtig 9 nach Christus, das ist wichtig.

28 Barbara mit dem Turm, Margarete mit dem Wurm, Katharina mit dem Radl, das sind die drei heiligen Madl.

42 Drei – drei – drei, bei Issos Keilerei.

43 Drei – sieben – fünf, die Völker machen sich auf die Strümpf.

46 Eins – acht – acht –acht, drei Kaiser waren an der Macht.

46 Eins – sieben – acht – neun, Frankreich kann sich freun.

63 Im Jahre achthundert Kaiser Karl wird bewundert.

63 Im Jahre neunzehnhundertneunundvierzig die neue Bundesrepublik, die rührt sich.

64 In eighteen sixty-five Abraham Lincoln didn't survive.

65 In fourteen hundred and ninety-two Columbus sailed the ocean blue.

66 In ten sixty-six William made the Saxons sick.

67 In Versailles hat 1871 unverdrossen Bismarck das Deutsche Reich beschlossen.

69 Karl der Kühne verlor bei Grandson das Gut, bei Murten den Mut, bei Nancy sein Blut.

82 Moskau – Elba – Waterloo, dann St. Helena bis ultimo.

82 Nach fünfundvierzig gab's zwei Staaten, die neunzig sich zusammentaten.

86 Persische Pilger des T(h)ales sollen bis China klettern.

89 Remember, remember the fifth of November.

92 Sechs – eins – zwei, mit Ninive war's vorbei.

Kunst

Mathematik

Naturwissenschaften

Philosophie

Sprache

21 Aller, venir, arriver, sortir, partir, retourner, mourir, entrer, décéder, descendre, rester, demeurer, monter, tomber, naître konjugiere stets mit être.

22 An, auf, hinter, neben, in, über, unter, vor und zwischen stehen mit dem 4. Fall, wenn man fragen kann: „Wohin?“ Mit dem 3. stehen sie so, dass man fragen kann: „Wo?“

23 A rat in the house may eat the ice cream.

26 Auf aus, bei, mit, nach, seit, von und zu folgt stets der Dativ – was sagst du nu?

26 Auf bis, um, für, durch, ohne, gegen folgt stets der 4. Fall, ohne zu überlegen.

26 Auf der Oder schwimmt kein Balken.

27 „Auf einmal“ schreibt man zweimal.

27 A und ab und ex und e, cum und sine, pro und prae wollen den Ablativ als Trophäe.

27 Aus, bei, mit, nach, seit, von, zu – kennst nicht den Dativ, dumme Kuh?

29 Begierig, kundig, eingedenk, teilhaftig, mächtig, voll regieren stets den Genitiv, was man sich merken soll.

32 C’est sûr – Adam part pour Anvers avec 200 sous.

33 -chen und -lein machen alle Dinge klein.

34 C wie k vor a, o, u.

35 Das s bei das muss einsam bleiben, kann man dafür dieses, jenes, welches schreiben.

36 Da, wo man redet, sagt und spricht, vergiss die kleinen Zeichen nicht!

36 Das wissen auch die netten Tanten – der Plural von Atlas ist Atlanten.

36 Den Tiger sprich mit langem i, jedoch mit ie schreib ihn nie!

40 Die wichtigsten Fragen findest du mit w plus a, e, i, o, u.

40 Die zweite Regel, auch sehr nett, nach au, ei, eu steht nie tz.

41 Doppel-a, das ist doch klar, ist in Waage, Haar und Paar.

41 Doppel-s, das weiß ich jetzt, wird immer hinter Kurzvokal gesetzt.

44 Ehefrauen, Leben, Messer finden v im Plural besser: wife – wives, life – lives, knife – knives.

45 Einmal doppelt gemoppelt, immer doppelt gemoppelt.

47 Endgültig und endlich sind am Ende leidlich.

48 Ever, never, yet, so far „present perfect“, ist doch klar.

49 Fang gleich mit dem Thema an, die Erklärung folgt sodann; darauf muss man gut begründen und den Gegensatz erfinden. Am besten folgt dann ein Vergleich und ein Beispiel hilft sogleich. Folgerung und Schluss dann zeigen, hier sprach ein Könner. Ach ja – verneigen.

50 Feminina erkennt man schon an der Endung -eur und -son, doch auch die Endung -ée und -té ist weiblich, glaub’s und versteh.

52 Frauen, Bäume, Städte, Land und Inseln sind als Feminina benannt.

53 „Gar nicht“ wird gar nicht zusammengeschrieben.

54 Gehört „seit“ zu einer Zeit, sorge nicht mit „seid“ für Heiterkeit!

54 Ghuti = fish

57 Hat es den Anschein, kann es sein, der Schein hingegen legt dich rein.

57 -heit und -keit und -ung und -schaft, -tum und -nis und -chen und -lein, schreibt man groß und niemals klein.

58 Hic, haec, hoc – der Lehrer hat den Stock, is, ea, id – was will er denn damit, sum, fui, esse – er dirigiert die Messe.

62 Il était une fois une marchande de foie, qui vendait du foie dans la ville de Foix; elle se dit: Ma foi, c’est la dernière fois que je vends du foie dans la ville de Foix.

67 Je n’aime pas le thé

69 Kannst du Adjektive mit „und“ verbinden, solltest stets das Komma du vorfinden.

72 Lärchen sind Bäume, Lerchen sind Vögel.

76 „Macht“ und „tut“ tun selten gut.

76 Magermilchjoghurt

77 Mais où est donc Ornicar?

77 Männlich ist die Endung -age außer bei l’image, la plage, la rage, la cage.

78 Männlich sind, das merke dir, Nomina auf -us, -er, -ir. Neutra sind dann wiederum alle, die enden auf -um.

81 Mit „who“ niemals „to do“.

Warum uns Eselsbrücken beim Erinnern helfen.

Wie viele populäre Bezeichnungen beruht auch die „Eselsbrücke" auf einer falschen Annahme: Mitnichten (und erwiesenermaßen) sind Esel dumme Tiere und entsprechend als solche bezeichnete Menschen dumm; unter dem Lern- oder Intelligenzaspekt betrachtet müsste dieser Abschnitt eher „Huhnbrücke" oder „Schafsbrücke" überschrieben sein, da diese Tiere wohl eher diese „Auszeichnung" verdienen. Der Grund für diese Ungereimtheit liegt wohl im jahrhundertelangen Widerwillen der Schulmeister, von ebenso drastischen wie schlichten und (nach heutigem Wissen unpädagogischen) Vorstellungen über das Lernen abzuweichen, denn ursprünglich bezeichnete das mittellateinische Bild des „pons asinorum" (Brücke der Esel) mnemonische (gedächtnisstützende) Hilfsmittel der aristotelischen Logik (oder der Geometrie, wie auch gesagt wird). Das Bild vom „Esel auf einer Brücke" könnte auch auf eine Schilderung Plinius' des Älteren zurückgehen, der in seiner um 80 n. Chr. verfassten *Naturgeschichte* beschreibt, dass Esel nur schwer dazu zu bewegen sind, über Brücken zu gehen, wenn sie durch die Bodenbretter das Flusswasser sehen können. Dass infolgedessen die Esel störrisch waren – und sicherlich öfters aus gutem Grund –, hat dann möglicherweise als Beleg ihrer Dummheit gedient und die Brücke zu einem metaphorischen Hilfsmittel werden lassen.

Göttin der Erinnerung

Unstrittig bei der Eselsbrücke ist jedoch ihre mnemonische Funktion, benannt nach der Göttin der Erinnerung, Mnemosyne, bzw. nach ihrer Tochter, der Muse Mneme; Letztere ist eine der drei Musen (die beiden anderen sind Melete und Aoide), die es nach Plutarch gegeben hat. Meistens wird jedoch von neun Musen ausgegangen, und dabei beruft man sich auf Hesiod, den (neben Homer) zweiten großen griechischen Mythopoeten, der in seiner Entstehungsgeschichte der Welt (*Theogonie*, etwa 700 v. Chr.) die neun Musen als Töchter der Göttin Mnemosyne und des Zeus identifiziert; selbstverständlich gibt es eine Eselsbrücke für ihre neun Namen.

Wir Menschen vergessen ...

Wir Menschen vergessen – und das ist gut so, denn nicht vergessen können wäre eine Qual. Es gibt allerdings Dinge, die wir vor dem Vergessen bewahren wollen, und dazu benötigen wir Gedächtnishilfen. Das Bedürfnis danach ist alt; schon in der Antike galt das Gedächtnis als Hort der Geschichte, als Teilhabe am Göttlichen und somit als Sitz der Weisheit, an die wir uns, so Plato, in unserer Erkenntnis nur erinnern. Als Vater der mnemonischen Techniken gilt der griechische Dichter Simonides (um 500 v. Chr.), der mithilfe der Verräumlichung zu außerordentlicher Gedächtnisleistung imstande war, und der römische Dichter Seneca (gestorben 65 n. Chr.) soll 2 000 Namen in der ihm vorgetragenen Reihenfolge wiederholt haben; auch Thomas von Aquin soll ein legendäres Gedächtnis besessen haben. Schon hier wird deutlich, dass geistige „Größe“ mit einem guten Gedächtnis in Verbindung zu stehen scheint. Ein gutes Gedächtnis ist immer ein gut trainiertes Gedächtnis, d. h., je häufiger Informationen verarbeitet werden (durch Aufnahme, Zuordnung, Speicherung, Abrufen/Erinnern), desto besser und effektiver werden diese Funktionen zur Verfügung stehen.

Die für die Behaltensleistung (Speicherung) des Gedächtnisses entscheidende Transformierung der Informationen findet zwischen dem Arbeitsgedächtnis – einer Art „Arbeitsspeicher“ (wie das RAM des PC), in dem eingehende Informationen verarbeitet, geordnet und codiert werden – und dem Langzeitgedächtnis statt, in dem der Informationszufluss gespeichert wird und durch (semantische) Vertiefung, Verfestigung bzw. Sicherung und durch Abruf/Erinnerung reproduziert werden kann; dabei unterscheidet man das deklarative/explizite Gedächtnis (wiederum unterschieden in episodisches und semantisches Gedächtnis), in dem ge- bzw. bewusste Inhalte (Wissen/Fakten, Ereignisse, Erlebnisse) gespeichert sind, vom prozeduralen/impliziten Gedächtnis, das Informationen über Fertigkeiten, Abläufe, Erwartungen und ihre (nicht bewussten) Aktivierungspfade (wie z. B. Aufmerksamkeitssteigerung beim Lesen dieser Zeilen) gespeichert hat. Die Transformierung der Informationen hängt überwiegend von drei Faktoren ab – Aufmerksamkeit, Bedeutsamkeit der Information, Kompatibilität der Information.

Diese Trennungen sind aber rein begrifflich – unser Gedächtnis ist ein Bereich des gesamten Systems „Gehirn", und verschiedene andere Bereiche tragen zur Gedächtnisleistung durch ihre unterschiedlich codierten Inhalte bei – z. B. Formen, Farben, Bezeichnungen, Geräusche, Gefühle, Kontexte. Deshalb gilt: Je mehr Bereiche des Gehirns zu einer Erinnerung beitragen (durch „Assoziationen"), desto schneller und leichter wird diese abrufbar sein.

Gedächtnishilfe

Damit sind wir bei der Eselsbrücke, „aide-mémoire", „memory aid", mnemonische oder Gedächtnishilfe angekommen. Wie in dieser Sammlung zu sehen sein wird, existieren Eselsbrücken in unterschiedlichen Formen – als Reim (z. T. holprig), z. B. „1949 – die Bundesrepublik, die rührt sich"; als Analogien oder Ähnlichkeiten, z. B. „Eine Geige hat der Fiedler" (für E,G,H,D,F, die Noten auf den Linien des Notenblatts); als Akronym, z. B. Yuppie („young urban professional", der/die junge in der Stadt lebende Berufstätige) oder Dinks („double income, no kids", die kinderlosen Doppelverdiener); als Aufzählungen oder Reihen, z. B. „Mit, nach, bei, seit, von, zu, aus sind im dritten Fall zu Haus" (eine Dativregel); als (mehr oder wenig witzig formulierte) Regeln, z. B. „Semmel biss der Kater" (für Lateinisch semel, bis, ter, quater = ein-, zwei-, drei-, viermal).

Grundsätzlich sind Verständnis der Sache und Konzentration die besten Voraussetzungen gegen das Vergessen. Für alle Gedächtnishilfen gilt: Erlaubt ist, was nützt. Wer Namen schnell vergisst, kann diese mit Gesichtern verbinden oder die Namen verulken; Letzteres ist nicht ohne Risiko, denn manchmal, so fand Dr. S. Freud heraus, spielt unser Unterbewusstsein uns den Streich und „legt“ uns den (unbedingt zu vermeidenden) Ulknamen auf die Zunge, mit dem wir dann die Person anreden – eine peinliche Situation. Zahlen kann man sich besser merken, wenn man sie in Gruppen zusammenfasst oder sie visualisiert, d. h. mit einem Bild assoziert (z. B. 1 für Schornstein, 2 für Schwan, 3 für Dreirad usw.); für die Kreiszahl π (3,1415926535) allerdings gibt es einen Spruch, in dem die Buchstabenanzahl der Worte hilft: „Ist's doch, o jerum, schwierig zu wissen, wofür sie steht.“

Die wohl bekanntesten Eselsbrücken beziehen sich auf Grammatik und Rechtschreibung. Da beide einstigen Grundfesten bürgerlicher Bildung unter dem Ansturm von E-Mails, Blogs und Facebook mit ihren je eigenen Diktionen ins Wanken geraten sind, muten uns diese Merksprüche heute etwas antiquiert an, wie Tafelkreide, Ärmelschoner, Pausenbrote und die „Pons“-Heftchen, mit denen man im Lateinunterricht so herrlich schummeln konnte.

Wissen und Sprache verändern sich sehr schnell. Instrumentelles Wissen erneuert sich in 15 Jahren komplett, der sprachliche Wandel kommt da nicht nach; umso wichtiger und schöner ist es, sich zu erinnern.

Acht – null – null,
Karl der Große stieg auf den Stuhl.

Geschichte | Mittelalter

Siehe (→) Im Jahre achthundert, Kaiser Karl wird bewundert.

Afrik*an*ische Elefanten haben l*an*ge Ohren.
*In*dische Elefanten haben w*in*zige Ohren.

Naturwissenschaften | Biologie

Die Indischen Elefanten sind kleiner als die Afrikanischen, also haben sie auch kleinere Ohren. Aufgrund der extrem unterschiedlichen Domestizierungsgeschichte beider Arten ließe sich sagen, dass die Indischen Elefanten sich besser abrichten ließen, d. h., sie gehorchten besser, und das wiederum ließe sich – anthropozentrisch betrachtet – so interpretieren, als habe die Evolution, die große Lenkerin der Natur und allen Lebens, sie im Laufe der Zeit mit kleineren Ohren versehen – weil sie der Krone der Schöpfung ja sowieso untertan waren. Leider ist das falsch; richtig hingegen ist, dass aufgrund der größeren Hitze in der afrikanischen Steppe die größeren Ohren dort als effektivere Kühlungseinrichtungen notwendig waren – das aufgeheizte Blut durchströmt die Adern in den Ohren und kühlt sich aufgrund ihrer großen Oberfläche und der durch „Kühlwedeln“ erzeugten größeren Luftbewegung schneller ab. Die Indischen Elefanten hingegen (die wenigen, die es noch wild gibt) leben überwiegend im Dschungel. Ihr Problem ist eher große Luftfeuchtigkeit als hohe Sonneneinstrahlung, und da reichen kleinere Ohren aus. Wir verneigen uns vor der klugen, ja weisen Strategie der Evolution und vergessen den obigen Merkspruch mit seinem deutlich übertriebenen Gegensatzpaar von „lang“ und „winzig“.

AIDA

Alltagswissen | Wirtschaftssprache

Dieses Akronym bezieht sich weder auf Giuseppe Verdis Oper und die schöne äthiopische (eponyme) Sklavin darin noch auf ein bekanntes Kreuzschifffahrtsunternehmen, sondern bezeichnet die strategischen Phasen des Marketings: *A*ttention = Erregung der Aufmerksamkeit des/der „Beworbenen"; *I*nterest = Weckung des Interesses; *D*esire = Intensivierung des Interesses zum Besitzwunsch, „Habenwollen"; *A*ction = die Umsetzung des Wunsches in (Kauf-)Handeln. Wie wir sehen, ist nichts dem Profitdenken heilig, nicht tragische Schönheit, nicht Geschichte (Äthiopien galt lange Zeit als die Wiege der Menschheit), nicht Musik.

*All*e *alt*en *gluc*ksenden *Mann*er *g*ehen *i*m *Ga*rten *ta*nzen.

Naturwissenschaften | Chemie

Diese acht „einfachen Zucker", weniger volkstümlich auch Monosaccharide genannt, gehören zu den Bausteinen der Kohlen(stoff)-hydrate:

*All*ose, *Alt*ose, *Gluc*ose, *Mann*ose, *G*ulose, *I*dose, *Ga*lactose, *Ta*lose. Möglicherweise haben die tanzenden alten Männer ein wenig zu viel von ihrem Eierlikör genascht und die darin gelösten Monosaccharide genossen und tanzen vielleicht deshalb glucksend vor Wohlbehagen durch den Garten.

*A*lle *e*hemaligen *K*anzler *b*ringen *s*onntags *k*eine *Sch*okolade *m*it.

Geschichte | Deutschland

Dieser deutlich vorwurfsvolle Spruch mag ein Ausdruck der Politikverdrossenheit in dieser unserer Republik sein: Könnte sie/er nicht wenigstens am Sonntag mal ein wenig menschlich sein oder irgendwie wenigstens Anerkennung … Ungeachtet dieser Verstörung sind hier Namen der „Bestimmer der politischen Leitlinien" in chronologischer Reihenfolge aufgelistet: (Konrad) *A*denauer, (Ludwig) *Er*hard, (Kurt Georg) *K*iesinger, (Willy) *Br*andt, (Helmut) *S*chmidt, (Helmut) *K*ohl, (Gerhard) *Sch*röder, (Angela) *M*erkel. Dass unsere Kanzlerin Frau Merkel hier auch als „ehemalige" geführt wird, bleibt der Interpretationskompetenz der Leserschaft überlassen.

Aller, venir, arriver, sortir, partir, retourner, mourir, entrer, décéder, descendre, rester, demeurer, monter, tomber, naître konjugiere stets mit être.

Sprache | Französisch

Diese Verben (gehen, kommen, ankommen, weggehen, abreisen/abfahren, zurückkommen, sterben, hereinkommen, verscheiden, herabsteigen, bleiben, sich aufhalten, besteigen, fallen, geboren werden) sind im Perfekt (passé composé) und allen zusammengesetzten Zeiten mit „sein" (être) zu konjugieren.

An, auf, hinter, neben, in,
über, unter, vor und zwischen
stehen mit dem 4. Fall,
wenn man fragen kann: „Wohin?“
Mit dem 3. stehen sie so,
dass man fragen kann: „Wo?“

Sprache | Deutsch

Diese Präpositionen stehen mit dem Dativ, wenn sie der Ortsbestimmung dienen (wo?); ist hingegen ein Ziel oder eine Richtung angegeben (wohin?), steht der Akkusativ. „Er steht auf der Straße.“ (Wo? = Dativ). „Er geht auf die Straße.“ (Wohin? = Akkusativ).

An den Iden des März vierzig vier
nimmt Brutus Caesar ins Visier.

Geschichte | Antike

Die Verschwörung römischer Senatoren, überwiegend von schlanker bis hagerer Gestalt und unter der Führung von Marcus Iunius Brutus (und Gaius Cassius), gegen den Diktator und Imperator auf Lebenszeit Gaius Julius Caesar, hatte die Wiederherstellung der alten römischen Republik zum Ziel. Nach Meinung der Verschwörer standen Caesars Ehrgeiz und seine Popularität diesem Ziel im Wege. An der Ermordung Caesars am 15. 3. (den „Iden des März“) des Jahres 44 v. Chr. waren mehrere Senatoren beteiligt. Brutus war einer der Vertrauten Caesars, und beim Anblick des mit einem Dolch auf ihn losgehenden Freundes soll Caesar ebenso erstaunt wie entsetzt den legendären Ausspruch „Auch du, Brutus?“ (latein. Et tu, Brute) von sich gegeben haben. Näheres ist nachzulesen bei William Shakespeare, „Julius Caesar“, wo auch Caesars Einsicht, dass er sich lieber mit dicken Männern hätte umgeben sollen, weil diese weniger denken und nachts schlafen, anstatt zu diskutieren, zu finden ist.

A plus b wird eine Summe,
a minus b zur Differenz,
a mal b Produkt man nennt,
a geteilt durch b ist ein Quotient.

Mathematik | Naturwissenschaften

Hier werden die Ergebnisse der vier Grundrechenarten genannt – Summe (Addition), Differenz (Subtraktion), Produkt (Multiplikation), Quotient (Division).

A rat in the house may eat the ice cream.

Sprache | Englisch

Die Anfangsbuchstaben der Worte (Eine Ratte im Haus kann die Eiskrem fressen) ergeben das englische „arithmetic", dessen Schreibung im Deutschen (Arithmetik) fast gleich ist. Die richtige Aussprache (Betonung auf der zweiten Silbe im Englischen, auf der dritten im Deutschen) ist allerdings ebenso wichtig für die Verständigung.

Arbeit kann warten.

Naturwissenschaften | Physik

Aber nicht zu lange, sonst macht sie ein anderer und kassiert dafür. Die geleistete Arbeit hingegen (engl. work) wird in der Physik als von Kraft (engl. force) und Wegstrecke (s) abhängig berechnet, und zwar nach der Formel $W = F \times s$, zu Deutsch: *A*rbeit gleich *K*raft mal *W*eg, kurz AKW (wie bitte?).

Arme Armada eins – fünf – acht – acht, England wird Seemacht und Drake, der lacht.

Geschichte | England

Philipp II. von Spanien war schon jahrelang genervt von den permanenten Provokationen der englischen Freibeuter im Atlantik und Pazifik, das umso mehr, als dieses Treiben geduldet und sogar gefördert wurde von Elisabeth I., um deren Hand Philipp 1559 zudem vergeblich angehalten hatte. Nun wollte er endlich diesem Spiel ein Ende machen und sein Ansehen als der mächtigste Herrscher des Okzidents wiederherstellen. So schickte er eine Flotte mit 138 Schiffen, schweren spanischen Galeonen, (zu) voll beladen mit Pferden, Soldaten und Waffen und entsprechend schwerfällig und tief liegend, von Cadiz aus nach England; der militärischen Invasionsmacht (etwa 17 000 Soldaten) zur Seite stand eine klerikale von 180 Priestern, mit deren Hilfe die seit Heinrich VIII. abtrünnigen englischen Anglikaner auf den rechten Weg der Sancta Ecclesia zurückgeführt werden sollten. Sie traf im Juli 1588 bei stürmischem Seegang im Kanal zwischen Gravelines und Dünkirchen auf die englische Flotte, geführt von Admiral Howard und mit F. Drake, J. Hawkins und M. Frobisher als Kommandanten; mit kleinen, wendigen Korvetten attackierten die Engländer die spanische Übermacht. Ausschlaggebend für die vernichtende Niederlage der Armada waren das stürmische Wetter, die eingeschränkte Manövrierfähigkeit ihrer Schiffe sowie der „Wind Gottes"; dabei handelte es sich um die englische Taktik, mit brennenden Schiffen Panik und Chaos in die spanische Flotte zu bringen. Dieser Gott muss der protestantische gewesen sein, denn die übrig gebliebenen Schiffe der fliehenden Armada gerieten auf dem Rückzug vor der Südküste Irlands in einen schweren Sturm, der ihre Zahl weiter dezimierte.

Armin schlug den Varus richtig 9 nach Christus, das ist wichtig.

Geschichte | Antike

Der Germanenführer Arminius, bestens geschult als Offizier in Diensten der Römer, schlug ein Heer, angeführt vom römischen Statthalter in Germanien namens Quintilius Varus, im Jahre 9 n. Chr. nahe Kalkriese im Wiehengebirge (so die Historiker um Theodor Mommsen) – und nicht weiter südlich im Teutoburger Wald (so die Historiker der Tacitus-Fraktion). Durch archäologische Funde wie Keramik, Münzen etc. scheint Kalkriese die wahrscheinlichere Stätte der „Schlacht" gewesen zu sein, deren Ausmaß sich zudem inzwischen auf „Kämpfe" reduziert hat. Mit dieser Verlagerung verlieren das Hermannsdenkmal (errichtet nahe Detmold zwischen 1838 und 1875 zu Ehren des Cheruskerfürsten Hermann/Arminius; der Baumeister war ein gewisser Ernst v. Bandel), so beeindruckend patriotisch es auch sein mag, und der Teutoburger Wald ihre diesbezügliche Geschichtsträchtigkeit an die nördlichere Stätte bei Kalkriese. Nun steht er da, der Hermann/Arminius, und schaut ins Leere und nach Westen; wenn man ihn wenigstens nach Norden ausrichten könnte, gen Kalkriese … So bleibt uns nur, Dativ hin oder her, ein plattdeutscher und insofern regional adäquater Kommentar: Wat den einen sin Uhl, is den andern sin Nachtigall (kein Dativ am Anfang und mit drei stimmlosen s zu sprechen).

Auf aus, bei, mit, nach, seit, von und zu folgt stets der Dativ – was sagst du nu?

Sprache | Deutsch

Präpositionen (Verhältniswörter) sind in den meisten Sprachen eine nie versiegende Fehlerquelle; dazu kommt bei der Verwendung der oben genannten Verhältniswörter (oder Präpositionen) die den meisten Deutschen eigene Abneigung gegenüber dem Dativ, was ja vor einiger Zeit schon zu einer regelrechten Kampagne unter dem Motto „Rettet dem Dativ!“ geführt hatte.

Ein anderer Merkspruch gleichen Inhalts lautet:

Von „Ausbeimit“ nach „Vonseitzu“ fährst immer mit dem Dativ du.

Auf bis, um, für, durch, ohne, gegen folgt stets der 4. Fall, ohne zu überlegen.

Sprache | Deutsch

Was dem Dativ recht ist, ist dem Akkusativ (4. Fall) billig. Zu beachten ist, dass „auf“ sowohl mit Dativ (Das Auto steht auf dem Dach.) als auch mit Akkusativ (Stell das Auto lieber auf den Hof.) stehen kann.

Auf der Oder schwimmt kein Balken.

Sprache | Französisch

Hier geht es um die ewige Unsicherheit bei der Frage, welches der beiden aussprachegleichen Wörter – ou und où – nun was bedeutet; die Antwort gibt die Eselsbrücke: Das ou (oder) hat keinen Akzent, das où (wo, wohin) hat den „accent grave". Die Oder wird uns diesen Ausflug in den Westen verzeihen.

„Auf einmal" schreibt man zweimal.

Sprache | Deutsch

Erinnert uns daran, auf einmal auseinanderzuschreiben.

A und ab und ex und e,
cum und sine, pro und prae
wollen den Ablativ als Trophäe.

Sprache | Latein

Der Ablativ ist in allen indogermanischen Sprachen bis auf Latein ausgestorben, obwohl er ein nützlicher Fall ist/war als Lokativ (Ortsbestimmung) und Instrumentalis (Mittel, Zweck). Die obigen lateinischen Präpositionen sind die Signalwörter für den Ablativ (von, aus … heraus, mit, ohne, für, vor), der inzwischen zum „schrecklichen" – weil nicht erkannten – Kasus der aus dem Lateinischen Übersetzenden „verkommen" ist; hier kann die obige Eselsbrücke helfen.

Aus, bei, mit, nach, seit, von, zu –
kennst nicht den Dativ, dumme Kuh?

Sprache | Deutsch

Es herrscht ein rauer Ton in den Klassen; man kann das hämische Lachen fast schon hören, wenn jemand in der Schule gegen diese Dativ-Regel verstößt.

Backbord links und rot,
Steuerbord rechts und grün.

Alltagswissen | Seefahrtsprache

Eine wichtige Eselsbrücke für Landratten, allerdings ist hier eine gewisse politische Bildung unabdinglich – links und rot gehören zusammen, keine Frage, ebenso wie rechts und das Steuern der Staatsgeschäfte, evtl. auch die Steuer/n. Etwas sperrig sind „Backbord" sowie die Farbe Grün in Verbindung mit rechts. Sperrig ist auch die Etymologie; da früher bei kleineren Schiffen das Ruder seitlich rechts am Schiff befestigt war (eben an „Steuerbord"), drehte der das Ruder bedienende Steuermann der linken Seite des Bootes den Rücken zu (fries. „back" für hinten, vgl. engl. „back" für Rücken, rückwärts). Also hier hilft weder der Kuchen noch der Backfisch.

Barbara mit dem Turm,
Margarete mit dem Wurm,
Katharina mit dem Radl,
das sind die drei heiligen Madl.

Geschichte | Religion

Die drei „Madl" sind allesamt jungfräuliche Märtyrerinnen und Nothelferinnen. Die älteste der Frauen scheint (namentlich) zurückzugehen auf Margareta von Antiochien, eine Heilige aus der Frühzeit des Christentums; sie wird dargestellt mit einem Drachen („Wurm" = Lind- oder Tatzelwurm), der ihren Kampf gegen den Teufel symbolisiert. Nach der Legende wurde sie aufgrund ihrer Treue zum christlichen Glauben ein Opfer der Christenverfolgung unter Kaiser Diokletian. Zur Zeit der Kreuzzüge wurden ihr die Heiligen Barbara und Katharina zugesellt; zu dieser Zeit war verständlicherweise großer Bedarf an Heiligen, an die man Fürbitten, Hilferufe und Leidensklagen richten konnte; sie gehören zur bekanntesten Gruppe der „vierzehn Nothelfer". Barbara, Schutzheilige des

„Wehrstandes", wurde der Legende nach als bekennende Christin von ihrem Vater in einen Turm gesperrt, Katharina, Schutzheilige des „Lehrstandes" (sie wird manchmal auch ein Buch haltend dargestellt), wurde unter Kaiser Maxentius (ca. 300 n. Chr.) wegen ihres Glaubens gefoltert und auf gegenläufige Räder gebunden, die sie zerreißen sollten, die dann aber von einem hilfreichen Engel zerstört wurden.

Begierig, kundig, eingedenk,
teilhaftig, mächtig, voll
regieren stets den Genitiv,
was man sich merken soll.

Sprache | Deutsch

Stimmt – was die Zeilen 1 bis 3 betrifft; die behauptete „Merk-würdigkeit" der Reihe gibt jedoch zu denken, da sie bis auf das letzte Adjektiv „voll" schon ziemlich ungebräuchliche und fast museale Worte enthält. Können Sie sich einen – ja auch sprachlich zu Bürgernähe verpflichteten – Polizisten vorstellen, der nach der Festnahme eines volltrunkenen Autofahrers in seinen Bericht schreibt: „Eingedenk des Paragrafen … StVO wurde Herr … voll des Alkohols und solchermaßen des Fahrens nicht mehr mächtig aus dem Verkehr gezogen"?

Dazu kommt die kognitive Herausforderung an die auszubildende zukünftige deutsche Elite: Was ist das – ein Genitiv?

Bei Rot bleib stehen,
bei Grün darfst du gehen.

Alltagswissen | Straßenverkehr

Siehe (→) Rot heißt warten, …

**Bereitet dir das Dividieren Qual,
so spricht der Bruch:
Dreh mich um und nimm mal.**

Mathematik | Arithmetik

Brüche sind Darstellungen rationaler Zahlen als Quotienten, sie drücken Zahlenverhältnisse aus. Für Lernende können sie manchmal eine Qual sein, vor allem wenn man es mit mehreren zu tun hat, die dann zu kombinieren sind. Im Falle, dass man Brüche durch einander zu dividieren hat, gibt die obige Eselsbrücke Hilfestellung: Anstelle der Division nimmt man den ersten Bruch mit dem Umkehrbruch des zweiten mal, und schon passt's.

Berlin**er** ***Hamburg*****er** ***müssen*** ***köst*****liche** ***Frankfurt*****er** ***essen*****.**

Geografie | Deutschland

Hier sind die (ehemals, A. D. 2000) sechs größten Städte Deutschlands aufgereiht, zudem noch nach Größe geordnet: Berlin 3,4 Millionen Einwohner, Hamburg 1,7, München 1,2, Köln 0,960, Frankfurt 0,650, Essen 0,595. Würde man die sechs größten Städte nach heutigem (Ende 2010) Stand auflisten, wäre die Aktualität gewahrt – aber der Merkspruch wäre semantisch, wie man gleich sehen wird, missraten. Die Liste heute hätte nämlich anstelle von Essen (heute nur magere 0,576) Stuttgart mit 0,601 Millionen Einwohnern. Man beachte bei dem Merksatz den deutlichen Appell an die kulinarische (na ja) Fantasie.

Bissig ist das Krokodil, nenn es richtig: ein Reptil.

Naturwissenschaften | Biologie

Das Krokodil soll schon ein (echtes) Krokodil bleiben, es sei denn, es ist ein Alligator/Kaiman oder ein Gavial. Diese drei Familien gehören zur Ordnung der Krokodile. Die Krokodile gehören, wie Schildkröten, Echsen und Schlangen, zur Klasse der Kriechtiere/Reptilien, die wiederum ein Stamm innerhalb der Wirbeltiere sind (siehe SKOFGA).

Blauer Stoff ist Sauerstoff; roter Stoff ist Wasserstoff.

Naturwissenschaften | Chemie

Nicht ohne Grund haben die Stahlflaschen, in denen diese beiden wichtigen Gase gespeichert und transportiert werden, diese beiden verschiedenen Farben. Sauerstoff ist lebenswichtig, auch wenn seine Verteilung in der Atmosphäre nur bei 20 % liegt und die von Wasserstoff sogar nur unter einem Prozent. Aber vielleicht gehen Sie trotzdem eben mal in den Keller und schauen, was auf den Stahlflaschen steht …

Brigach und Breg bringen die Donau zuweg.

Geografie | Deutschland

Merkspruch, der uns die Quellflüsse der Donau nicht vergessen lässt.

Buchen sollst du suchen, Eichen sollst du weichen; Weiden sollst du meiden und Linden dafür finden.

Alltagswissen | Gesundheit

Dieser Merkspruch, das Verhalten bei Gewittern betreffend, hält sich trotz seiner lebensgefährlichen Botschaft immer noch, wahrscheinlich wegen der eingängigen Binnenreime. Sich bei Blitz und Donner in die Nähe von Bäumen, gleich welcher Art, zu flüchten, ist immens gefährlich. Blitze suchen sich für ihre Entladung meistens die höchsten Punkte – Kirchtürme, Schornsteine, hohe Bäume – aus, Letztere ungeachtet der Art; aber auch auf (und seltener unter) Weiden kann ein Mensch leicht der höchste Punkt sein. Die (vermeintliche) Volksweisheit beruht wahrscheinlich darauf, dass Eichen – im Gegensatz zum Waldbaum Buche – meistens solitär stehen. Die Linde galt im Volksglauben lange als heiliger Baum, und das mag ihre Sonderstellung als Retterin vor Blitzeinschlägen begründet haben. Am sichersten ist heutzutage immer noch ein mit Blitzableitern geerdetes Haus oder ein Auto, das wegen seiner Reifen wie ein Faraday-Käfig wirkt.

C'est sûr – Adam part pour Anvers avec 200 sous.

Sprache | Französisch

(Das ist gewiss – Adam reist ab nach Anvers mit zweihundert Sous.) Hinter dieser nicht gerade sensationellen Mitteilung verbirgt sich eine Reihe der gebräuchlichsten französischen Präpositionen: chez (bei), sur (über), à (um, auf, bei, in …), dans (in), par (bei, durch), pour (für), en (in, im, beim), vers (hin, gegen, nach), avec (mit), de (von), sans (ohne), sous (unter). Dabei ist die Aussprache großzügig zu handhaben – c'est = chez, de = deux. Der Sou ist eine Münze aus der Zeit des alten (vorrevolutionären) Livre (Pfund); 20 Sous entsprachen dem Wert eines Livre, ein Sou hatte 12 Deniers. Diese Bezeichnungen fanden sich übrigens auch in Großbritannien bis 1971 (dann wurde GB dezimal) in den Abkürzungen wieder: Pound (£ = livre), Shilling (s) und Pence (d = denier).

-chen und -lein machen alle Dinge klein.

Sprache | Deutsch

Stimmt, aber für diese Diminuitivsuffixe gilt das nur, wenn sie an Substantive angehängt werden. Meistens werden dann in der Verbindung mit -chen und -lein die Stammvokale a, o, u zu ä, ö, ü umgelautet (= angehoben) – aus Hans wird Hänschen oder Hänslein, aus dem Vogel ein Vögelchen oder Vögellein, aus dem Hund ein Hündchen oder Hündelein; dabei ist die jeweils erste Form die gebräuchliche. Nicht um Nachsilben (Suffixe) handelt es sich bei Wörtern wie Buchen, Wochen, Sachen, brechen und lachen oder bei allein, klein, anleinen.

C H O N S Margarete *k*ocht *p*rima *CaFe*e.

Naturwissenschaften | Biologie

Frau Margarete Chons ist behilflich bei der Memorierung der zehn wichtigsten Nährstoffe der Pflanzen, alphabetisch geordnet nach Bedeutung bzw. Häufigkeit. Es sind dies

C = Kohlenstoff	Mg = Magnesium
H = Wasserstoff	K = Kalium
O = Sauerstoff	P = Phosphor
N = Stickstoff	Ca = Calcium
S = Schwefel	Fe = Eisen.

Christof g*eht* d*och* a*ngeln.*

Kunst | Musik

Bei so vielen mit Merk- und anderen Sprüchen bedachten Saiteninstrumenten dürfen Viola (Bratsche) und Violoncello (kurz: Cello, banausisch und respektlos Kniegeige genannt) nicht fehlen; ihre Saiten sind auf C G D A (eine Quinte unter der Violine) zu stimmen, die Cellosaiten dabei jedoch eine Oktave tiefer als die Bratsche. Das Cello ergänzt als (in Kniehaltung gespieltes) Tenor-Bass-Instrument die beiden zur Viola-da-Braccio-Familie gehörenden und in „Armhaltung“ gespielten Instrumente Violine und Viola (Bratsche).

Cuno, d*er* E*sel,* f*abriziert* G*old* a*m* H*interteil.*

Kunst | Musik

Die Anfangsbuchstaben dieses den märchenhaften Goldesel beschreibenden Satzes bilden die Tonleiter: c, d, e, f, g, a, h, schöne, „goldene“ Töne trotz ihrer Verbindung zu Cuno und dem genannten Körperteil.

C wie k vor a, o, u.

Sprache | Englisch/Deutsch

Die Verwirrung hinsichtlich der Aussprache von c ist im Englischen vergleichbar mit der im Deutschen, d. h., es ist zum großen Teil ein Problem germanischer Sprachen mit romanischen Wörtern bzw. deren Aussprache, und davon gibt es im Englischen mehr als im Deutschen. Überwiegend ist die Eindeutschung dieser Wörter orthografisch gelöst durch Ersetzen des c durch z, wie in Zirkus, Zertifikat, Zirkel, Zelle; da das z im Englischen (als Folge des französischen Einflusses) als stimmhaftes s (z. B. zero = null, wizzard = Zauberer) gesprochen wird, bestand diese Möglichkeit hier nicht. Es gilt demnach die obige Regel, deren phonetische Folge bei den betreffenden Wörtern eine „anglisierte" romanische Aussprache ist.

Das Ei platzt auf beim Kochen, hat man kein Loch gestochen.

Alltagswissen | Haushalt

Wer die Eier in Anbetracht ihrer Herkunft und eigentlichen biologischen Bestimmung weniger ruppig behandeln will, kann – zur Vermeidung des o. a. Malheurs – sie schon gleich ins noch kalte Wasser des Topfes legen und dann, wenn dasselbe zu kochen beginnt, je nach Gusto bzw. Typ (Weichei oder hart gesotten) das Ei nach drei bis 5 Minuten herausnehmen. Probieren geht über Studieren, sagt der Volksmund.

Das s bei „das" muss einsam bleiben, kann man dafür „dieses", „jenes", „welches" schreiben.

Sprache | Deutsch

Die Verwechslung von Relativpronomen und Konjunktion (Bindewort) ist wahrscheinlich der Dauerbrenner unter allen Rechtschreibfehlern. Diese Eselsbrücke weist auf die Bedeutung der grammatikalischen Funktion von „das" bzw. „dass" hin und hilft, diese zu erkennen.

Das wissen auch die netten Tanten – der Plural von Atlas ist Atlanten.

Sprache | Deutsch

Stimmt, auf die netten Tanten ist Verlass. Dieser unregelmäßige Plural geht zum einen auf den „Erfinder" des ersten Atlas (1595) zurück, den Duisburger Gerhard Kremer, besser bekannt als Gerhard Mercator, zum anderen auf den griechischen Gott Atlas, der vom Göttervater Zeus dazu verdonnert wurde, das Himmelsgewölbe zu tragen – in gebührendem Abstand von der Erde, versteht sich, und da bot sich das Atlasgebirge im Norden Afrikas an, der Olymp als Götterresidenz war ja schon belegt. Diese Aufgabe war anstrengend und langweilig zugleich, sodass der zunehmend frustrierte Atlas versuchte, sie irgendeinem anderen, ebenso starken Kerl aufzuschwatzen – Herakles zum Beispiel; das klappte aber nicht. Doch dafür machte der Philosoph Plato ihn zum König von Atlantis, und jeder war's zufrieden.

Da, wo man redet, sagt und spricht, vergiss die kleinen Zeichen nicht!

Sprache | Deutsch

Hinzufügen ließe sich noch: Wo man erwidert, antwortet, entgegnet, seufzt, schreit, flüstert, kreischt und fragt, auch dort vergiss die Anführungsstriche nicht; ausgenommen, es handelt sich um indirekte Rede.

Den Tiger sprich mit langem i, jedoch mit ie schreib ihn nie!

Sprache | Deutsch

Das trifft auch auf die Liga, den Niger (Fluss in Afrika), die Mine (die im Bergbau) und auf Riga (Hauptstadt von Lettland) zu.

Der *Kahn*, der fuhr im *Mond*enschein
***dreieck*ig um das *Erbsenbein*.**
***Vieleck groß* und *Vieleck klein*,**
der *Kopf*, der muss am *Haken* sein.

Naturwissenschaften | Medizin

Diese nächtliche Angeltour, die mit einem Kopf am Angelhaken zu enden scheint, dient der Wissenschaft dergestalt, dass hier die acht Handwurzelknochen aufgeführt sind: Kahnbein, Mondbein, Dreieckbein, Erbsenbein, großes Vieleck, kleines Vieleck, Kopfbein und Hakenbein. Nach meinem Geschmack ein bißchen viel Bein an der Hand, aber wenn's denn sein muss …

Der Kugel hohle Innerei:
4 Drittel Pi mal r^3.

Mathematik | Geometrie

Die Formel zur Berechnung des Kugelvolumens lautet:

$V = \frac{4}{3} \pi r^3$.

Schön ist auch der Spruch: *Die Kugel ist kein Hühnerei, vier Drittel π mal r hoch drei.*

***D*er *P*farrer *l*iest *ä*ltere *J*ournale.**

Kunst | Musik

Der Bedauernswerte muss mit älteren Journalen vorliebnehmen, und auch das monatliche Kirchenblättchen zu lesen bringt da wohl wenig Abwechslung. Ungeachtet dieses kleinen Einblicks in die klerikalen Lektüregewohnheiten geht es hier um die fünf Kirchentonarten – dorisch, phrygisch, lydisch, äolisch und ionisch. Diese waren auf die altgriechische Musik zurückgehende Tonordnungen bzw. -muster, die in modifizierter Form die mittelalterliche Musik und insbesondere die Gregorianik beeinflussten.

Der Schall macht pro Sekunde
dreihunderteinunddreißig Meter,
wer's leichter will und runder:
in drei Sekunden knapp einen Kilometer.

Naturwissenschaften | Physik

Dieser Merksatz erleichtert das Einprägen der Schallgeschwindigkeit; allerdings gilt dies nur für das Medium Luft bei einer Temperatur von 0° Celsius. Erheblich schneller ist der Schall im Wasser, wo er satte 1407 m/sec zurücklegt. Für die ganz Eiligen gäbe es dann noch die ultraflotten Schallwellen im Medium Eisen – unglaubliche 5100 m/sec.

Der Stier kann begatten,
beim Ochs geht nichts vonstatten.

Alltagswissen | Haustiere

Warum nicht auch mal ein schlichter Merkspruch, volkstümlich und gradlinig in sprachlicher wie inhaltlicher Hinsicht und von gegen null tendierender Relevanz. Stiere sind – Zeus und seine „europäischen" Eskapaden liegen lange zurück – inzwischen zu bedauernswerten Tieren geworden, und das nicht nur wegen der spanischen und mexikanischen Machorituale; als lebende Besamungs- bzw. Samenproduktionsmaschinen fristen sie ihr Dasein, bis sie zu Hundefutter verarbeitet werden. Auch für Jungbullen und junge Ochsen heißt es – ausgenommen die wenigen Zuchtstiere – früher oder später: Endstation Schlachthof.

Die *Abszisse* verläuft *waa*gerecht, die *Ordinate* hingegen *lo*trecht.

Mathematik | Geometrie

Im kartesischen (= rechtwinkligen) Koordinatensystem lässt sich die Lage eines Punktes, einer Geraden oder eines anderen geometrischen Gebildes festlegen durch die Abstände von den Achsen (zwei für die Ebene, drei für den Raum). Der Schnittpunkt der Abszisse (oder x-Achse) und der Ordinate (oder y-Achse) ist der Nullpunkt (oder Ursprung). Im obigen Merksatz helfen die gleichen Vokale (a bzw. o), die beiden Achsen zu identifizieren.

Die Frau des Rehbocks namens Ricke lässt nie das Kitz aus ihrem Blicke.

Naturwissenschaften | Biologie

Da wird der Rehbock aber stolz sein, dass er dem Hirsch eine Ricke ausgespannt hat; aber vielleicht hat sich die Ricke auch in den Bock verguckt und die beiden sind bei Nacht und Nebel entfleucht, nach Gretna Green, und bilden nun dort in den schottischen Lowlands die Kleinfamilie. Unsere Sympathie gilt selbstverständlich Bambi, dem von Hollywood geadelten süüüßen Idealkitz.

Die Vorzeichenregel bei der Multiplikation

Naturwissenschaften | Mathematik

Nimmt man das + als Zustimmung und das – als Ablehnung, kann man die vier Möglichkeiten der Regel wie folgt beschreiben:
„Ich bin dafür, dass man dafür ist, also bin ich dafür" =
$(+) \times (+) = (+)$.
„Ich bin dafür, dass man dagegen ist, also bin ich dagegen" =
$(+) \times (-) = (-)$.

„Ich bin dagegen, dass man dafür ist, also bin ich dagegen" = (–) × (+) = (–).
„Ich bin dagegen, dass man dagegen ist, also bin ich dafür" = (–) × (–) = (+).
Dies ist zugleich eine kleine Übung in logischem Denken.

Die wichtigsten Fragen findest du mit w plus a, e, i, o, u.

Sprache | Deutsch

Die Fragen sind entsprechend: was, wer, wie, wo, warum? Fragen sind immer nützlich; und – das wusste auch schon die Maus, die aus der „Sendung mit" derselben – wer nicht fragt, bleibt dumm.

Die zweite Regel, auch sehr nett, nach au, ei, eu steht nie tz.

Sprache | Deutsch

Ein hilfreicher Merkspruch, denn die Katze ist kein Kauz (aber die Hauptstadt der Oberlausitz heißt trotzdem Bautzen), es heißt zwar mit dem Messer ritzen, aber mit den Reizen geizen, und wenn die Mützen rutschen ist' s „a Kreiz" (zumindest in Bayern).

DOC

Naturwissenschaften | Astronomie

Da lehnen sich alle Weinkundigen erwartungsvoll zurück – natürlich steht dieses Kürzel für die italienische Qualitätsbezeichnung Denominazione de Origine Controllata. Stimmt, aber dann wäre die Kategorisierung unter Astronomie unsinnig, zumindest im nicht weinseligen Zustand. Hier nämlich soll die grafische Form der Buchstaben die drei bekanntesten Mondphasen nachzeichnen – das D die nach links geöffnete Sichel des zunehmenden Mondes, das O den vollen Mond, das C die nach rechts geöffnete Sichel des abnehmenden Mondes. Na dann – Salute.

Doppel-a, das ist doch klar, steht in Waage, Haar und Paar.

Sprache | Deutsch

Das ist völlig klar, kein Problem, oder? Leider aber wird das Wort „klar“ selbst, trotz der Aussprache mit langem a, mit nur einem a geschrieben, wie übrigens auch Vase, Gabel und Banane; hier kann die Aussprache, wie so viel anderes in der deutschen Sprache, trügerisch sein.

Doppel-s, das weiß ich jetzt, wird immer hinter Kurzvokal gesetzt.

Sprache | Deutsch

Dieser Merkspruch soll helfen, eine der nach der Rechtschreibreform (bzw. den Rechtschreibreformen) entstandenen Unklarheiten – ss oder ß – in den Griff zu bekommen; es heißt demzufolge Fluss, aber Fuß, Russland, aber Ruß, Masse aber Maß, ein großes Ross. Die Schweiz ist vielleicht politisch kein Vorbild für uns, aber was die Sprache angeht, könnte sie es sein; weniger wegen der vier verschiedenen Amtssprachen (Deutsch, Französisch, Italienisch und Bündnerromanisch), sondern weil hier bereits 1938 das ß, das „scharfe s“, das Eszett, das Buckel-s abgeschafft wurde, zur Freude der gesamten schweizerischen Schüler- und Lehrerschaft. Und so war auf den Schreibmaschinen- und (später) PC-Tastaturen Platz für französische Sonderzeichen wie ˆ (Accent Circonflexe) und ¸ (Cédille).

Draw und Hook ziehen nach links – der Ball fliegt ins Rough – schlechterdings.

Alltagswissen | Golfersprache

Golf und Eselsbrücke – geht das zusammen? Hier ist die Antwort. Beim Golfspiel ist der Draw ein Schlag, bei dem der Ball zunächst geradeaus fliegt, dann aber nach links zieht (engl. to draw = ziehen) und (mit ein wenig Glück) noch auf dem Fairway (der gemähten Fläche, die zum Grün führt) landet. Der Hook (engl. für Haken) fliegt sofort nach links und verschwindet im hohen, ungemähten Gras (dem Rough, engl. für rauh, beiderseits des Fairways). Der Spieler hat fünf Minuten Zeit, den Ball wiederzufinden und weiterzuspielen, danach gibt es einen Strafpunkt und einen neuen Ball = zwei bittere Punkte dazu.

Drei – drei – drei, bei Issos Keilerei.

Geschichte | Antike

Schöne Keilerei damals bei Issos, nahe dem heutigen Iskenderun in der südöstlichsten Ecke der Türkei gelegen, zwischen dem makedonischen Herrscher Alexander dem Großen (etwa 356–323 v. Chr.) und dem Perserkönig Dareios III (etwa 380–330 v. Chr.). Alexanders Motive waren imperiale Expansion und Rache für fast vergessene Zerstörungen, die die Perser ca. 150 Jahre zuvor in Athen angerichtet hatten. Und dies war nicht die einzige Niederlage, die Alexander Dareios zufügte – die des Jahres 334 am Granikos und die 331 bei Gaugamela sind so gut wie vergessen. Vergessen in der Geschichte ist auch die Frage: Behandelt man so zukünftige Schwiegerväter? Darum handelte es sich nämlich bei Dareios (wenn auch post mortem), da Alexander im Jahr 324 dessen Tochter Stateira heiratete.

Drei – sieben – fünf, die Völker machen sich auf die Strümpf.

Geschichte | Antike

Völker sind immer gewandert, sei es wegen Krieg, Hungersnot, Klimawandel oder Sonstigem. Im Jahr 375 n. Chr. fielen die Hunnen nach Südrussland ein, ihre Herrschaft war aber nicht von langer Dauer; später überfielen die Westgoten das Oströmische Reich, die Vandalen zogen nach Nordafrika, die Angeln, Sachsen und Jüten segelten im 5. Jahrhundert nach Britannien – Bewegung und „Wanderung" allerorten.

Dreißig Tage haben April, Juni, September und November.

Alltagswissen | Monatslängen

Siehe (→) Mit Knochen 31 …

EDEKA

Naturwissenschaften | Biochemie

Nein, hier wird mitnichten Schleichwerbung für einen Nahrungsmittelriesen gemacht; E, D, K und A sind die vier fettlöslichen Vitamine (im Gegensatz zu den übrigen, wasserlöslichen Vitaminen). Alle gemeinsam halten unseren Stoffwechsel in Schwung.

Ehefrauen, Leben, Messer
finden v im Plural besser:
wife – wives,
life – lives,
knife – knives.

Sprache | Englisch

Dies sind die drei bekanntesten Beispiele dafür, wie das (stimmhafte) Plural-s im Englischen die Anpassung des stimmlosen Reibelautes f zu v (ausgesprochen w) bewirkt – wife – wives, life – lives, knife – knives. Messerstechende Ehefrauen sind nun zwar – Gott sei Dank! – eher selten, aber der im obigen Sinne einprägsamere, wenn auch ein wenig bedrückende Merkspruch wäre doch eigentlich „Wives take lives with knives“. Bei der Aussprache von lives ist anzumerken, dass dasselbe Wort auch die 3. Pers. Sing. Präsens von to live (leben) sein kann und dann (he, she, it) lives mit kurzem i ausgesprochen wird; zu allem Überfluss gibt es dann noch das Livekonzert, gesprochen wie life, aber eben mit v geschrieben.

Eine alte Dame geht Heringe essen.

Kunst | Musik

Warum sollte sie auch nicht; und außerdem – was der Geige recht ist, ist der Gitarre billig; ihre sechs Saiten sind auf die Töne E A D G H E zu stimmen.

Eine Geige hat der Fiedler.

Kunst | Musik

Die fünf Noten auf den Linien lauten im Violinschlüssel E G H D F.

Eines Dings Geschwindigkeit:
Weg durch die verbrauchte Zeit.

Naturwissenschaften | Physik

Für die Formelbegeisterten: V = X : T; selbstverständlich gilt diese Formel nicht nur für Dinge, sondern auch für Menschen, Grottenolme und Rennmäuse, wenn es einem denn gelingen würde, bei Letzteren deren jeweils zurückgelegte Wegstrecke und die Zeit exakt zu messen.

Einmal doppelt gemoppelt,
immer doppelt gemoppelt.

Sprache | Deutsch

Dieser leicht infantile Spruch will daran erinnern, dass Doppelkonsonanten eines Wortstammes in allen davon abgeleiteten Wörtern erhalten bleiben – also Wasser, entwässern, wässrig oder rennen, Rennstrecke, verrannt, Gerenne.

Ein Riese in dem Weltenmeer,
bis 190 Tonnen schwer,
der Wassertiere Admiral
ist der Koloss, der blaue Wal.

Naturwissenschaften | Biologie

Der Blauwal ist das größte lebende Säugetier und hat insofern mit den Fischen wenig zu tun; ob Blauwale den Vergleich mit Marineadmiralen treffend oder schmeichelhaft finden würden, ist fraglich, zumal Admirale durchaus schlank sein können (Lord Nelson z. B., steht auf dem Trafalgar Square in London).

Eins – acht – acht –acht,
drei Kaiser waren an der Macht.

Geschichte | Deutschland

Das Jahr 1888 war das „Dreikaiserjahr" der deutschen Geschichte. Im März starb Kaiser Wilhelm I., König von Preußen, deutscher Kaiser seit 1871; sein Sohn Friedrich Wilhelm bestieg als Friedrich III. den Thron, er starb aber schon gut drei Monate später. Ihm folgte sein Sohn als Kaiser Wilhelm II.; er sollte der Letzte seines Standes werden. Nach langen Jahren in ländlicher Abgeschiedenheit im niederländischen Exil in Doorn starb er dort im Jahr 1941.

Eins – sieben – acht – neun,
Frankreich kann sich freun.

Geschichte | Frankreich

Die Bedeutung der Französischen Revolution von 1789 für alle demokratisch verfassten Gesellschaften ist unstrittig, auch wenn die junge amerikanische Republik die erste konstitutionelle Umsetzung demokratischer Prinzipien, wie z. B. die Gewaltenteilung, für sich reklamierte (1788). Ob die Franzosen sich schon zu Zeiten ihrer Revolution freuten, ist eher zweifelhaft – politische Willkür, Diffamierungen, die Gewaltherrschaft der Jakobiner, Tausende von Hinrichtungen mithilfe des zu diesem Zweck eingesetzten Fallbeils, der Guillotine, und Hungersnot – zumindest fünf Jahre lang gab es wenig Grund zur Freude. Die kam erst mit dem Erscheinen Napoleon Bonapartes auf der politischen Bühne und seinen militärischen Erfolgen auf, die ihn letztlich 1804 im Verein mit einer „Volksabstimmung" zum Kaiser machten; das wiederum brachte die „Grande Nation" (eine Zeit lang) wieder zu Ansehen und (innerem) Frieden – was die Franzosen verständlicherweise freute.

ELSA

Alltagswissen | Religion

Hinter dem hübschen weiblichen Vornamen verbergen sich die Namen der Sinnbilder für die vier Evangelisten: der *E*ngel für Matthäus, der *L*öwe für Markus, der *S*tier für Lukas, der *A*dler für Johannes. Die Reihenfolge der vier Namen folgt dem Alphabet nur, wenn man mit dem letzten Namen beginnt.

Endgültig und endlich sind am Ende leidlich.

Sprache | Deutsch

Der Merkspruch liefert auch gleich den Grund mit, weshalb die beiden Adjektive trotz des gesprochenen t ein d erfordern – beide hängen mit dem „Ende" zusammen. Anders hingegen das t in „Entgelt" und jemandem etwas „entgelten"; es gehört zur Vorsilbe ent-, die eine gegensätzliche Wirkung oder eine Abtrennung ausdrückt. Auch unser „Geld" stammt daher und enthält diese Bedeutung – wie tiefsinnig doch Sprache sein kann!

*E*r *a*ber *d*röhnt, *g*rummelt.

Kunst | Musik

Zu den Saiteninstrumenten gehört auch der Kontrabass, kurz Bass und italienisch Violone genannt; seine vier Saiten sind (in Quarten) E A D G gestimmt.

Erst links, dann rechts, dann geradeaus,
so kommst du sicher gut nach Haus.

Alltagswissen | Straßenverkehr

Das trifft im Einzelfall der Straßenüberquerung sicherlich zu; der Nachhauseweg insgesamt kann aber auch ganz anders verlaufen – links, die Treppe hoch, dann wieder hinunter, an die Haltestelle, Bus Linie 14 nehmen usw.

Ever, never, yet, so far
„present perfect", ist doch klar.

Sprache | Englisch

Jemals, niemals, jedoch, bisher: Diese sogenannten Signalwörter weisen auf einen Zusammenhang von Vergangenem mit der Gegenwart hin; in solchen Fällen ist im Englischen das Perfekt („present perfect") erforderlich.

Fade und Slice nach rechts entgleiten
dein Punktekonto, oje, wird sich weiten.

Alltagswissen | Golfersprache

Wie schon bei Draw und Hook (siehe dort) handelt es sich bei Fade und Slice um verunglückte Schläge beim Golf. Der Fade (von engl. to fade = schwächer werden) fliegt zunächst geradeaus, um dann nach rechts „abzubiegen", während der Slice (von engl. to slice = schneiden) durch den seitlichen Spin (Drehung) des Balles sofort im Bogen nach rechts fliegt und meistens im Rough, dem ungemähten hohen Gras links und rechts des Fairways, verschwindet. Auch hier gilt: Fünf Minuten Zeit, um den Ball zu finden; bleibt er verschwunden, gibt es einen Strafpunkt und einen neuen Ball, d. h. zwei zusätzliche Punkte aufs Konto.

**Fang gleich mit dem *Thema* an,
die *Erklärung* folgt sodann;
darauf muss man gut *begründen*
und den *Gegensatz* erfinden.
Am besten folgt dann ein *Vergleich*
und ein *Beispiel* hilft sogleich.
Folgerung und *Schluss* dann zeigen,
hier sprach ein Könner. Ach ja – verneigen.**

Sprache | Rhetorik

Die antike Rhetorik (Redekunst) hatte mehrere formale Muster bzw. Vorbilder (den sogenannten Kanon), nach denen Reden – je nach Zweck politische, forensische (die Gerichtsbarkeit betreffende), belehrende etc. – aufgebaut zu sein hatten. Dabei standen sowohl praktische (Überzeugung) als auch stilistische Aspekte im Vordergrund. Die „rhetorische Frage", die verwirren, nachdenklich machen oder ironisch sein soll und auf die man keine Antwort erwartet, erinnert noch an diese (leider vergessene) Kunst. Deshalb hier die wichtigsten Elemente für den Aufbau einer guten Rede: Thema, Erklärung, Begründung, Gegenargument, Vergleich, Beispiel, Folgerung, Schluss.

**Feldspat, Quarz und Glimmer,
die drei vergess ich nimmer.**

Naturwissenschaften | Geologie

Diese drei sind die wichtigsten sogenannten Gemengeteile des Granits, eines der härtesten Gesteine. Weitere Bestandteile können sein Titanit, Turmalin (ein Schmuckstein), Topas (ein Edelstein) und Flussspat. Granit kommt in allen geologischen Formationen vor; das bekannteste Felsengebirge ist der Himalaja, der überwiegend aus Granit und Gneis besteht.

Feldspat, Quarz und Glimmer
hat der Granit immer.
Naturwissenschaften | Geologie

Siehe (→) Feldspat, Quarz und Glimmer, die drei vergess ich nimmer.

Feminina erkennt man schon
an der Endung -eur und -son,
doch auch die Endung -ée und -té
ist weiblich, glaub's und versteh.
Sprache | Französisch

Was für die Ausnahmen bei den Maskulina gilt, gilt für Weiblichkeit allemal – man(n) kann nie sicher sein.

FIFO
Alltagswissen | Haushalt

Dieses Akronym steht für (englisch) „*F*irst *i*n, *f*irst *o*ut" und bedeutet, dass bei der Lagerhaltung die zuerst eingelagerten Waren auch zuerst verkauft/ausgeliefert werden sollten. Für Frau und Herrn Jedermann könnte sich dieses Prinzip auf die Lagerhaltung im heimischen Kühl- und Gefrierschrank unter Beachtung der Verfallsdaten anwenden lassen oder auch auf die Bezahlung von Rechnungen. Ämter verfahren vermutlich bei der Bearbeitung von Anträgen oder Ähnlichem nach dieser Regel.

Fliegen die Schwalben in den Höh'n bleibt das Wetter warm und schön. Wenn sie aber tiefer fliegen, werden wir bald Regen kriegen.

Alltagswissen | Wetterkunde

Wenn die Schwalben wüssten, wie oft sie für uns als Wetterboten fungieren, würden sie sich vielleicht dann und wann ein Späßchen machen und uns an der Nase herumführen. Tatsächlich aber wissen sie es nicht, und ihr Verhalten folgt einem allen Lebewesen eigenen Urtrieb – sie sind auf Nahrungssuche und folgen ihren Beutetieren, d. h. in diesem Fall den Insekten; diese fliegen bei hohem Luftdruck höher und bleiben bei niedrigem („tieferem") Luftdruck in Bodennähe, um bei Regen schneller Schutz suchen zu können. Beobachten lässt sich das besonders gut bei einem heranziehenden Gewitter (= bei schnell abfallendem Luftdruck), wenn die Schwalben so dicht über den Boden sausen, dass man das Rauschen ihrer Flügel hören kann.

FOIL

Mathematik | Algebra

Hinter diesem Wort (englisch; deutsch = Folie, Untergrund) verbergen sich die vier Schritte bei der Auflösung von binomischen Formeln – nämlich „first" (zuerst, erste/r), „outer" (äußere/r), „inner" (innere/r), „last" (letzte/r). Beispiel: $(a + b) \times (c + d) = ac$ (erste) $+ ad$ (äußere) $+ bc$ (innere) $+ bd$ (letzte).

**Frauen, Bäume, Städte, Land
und Inseln sind als Feminina benannt.**

Sprache | Latein

Die „männlichen" Völker leben in „weiblichen" Ländern, und auch das Vaterland (patria) ist im Lateinischen weiblichen Geschlechts, wie auch die „Nation", deren Etymologie auf nasci (geboren werden) bzw. natus (geboren) verweist. „Gender trouble" (Ärger mit dem Geschlecht) könnte man hierzu mithilfe eines Buchtitels der bekannten amerikanischen Feministin und Philosophin Judith Butler kommentieren.

Friedrich *aß* Cassis-*E*is.

Kunst | Musik

Bei fünf Notenlinien gibt es vier Zwischenräume; die Noten dafür sind F A C E.

***Fürchte besonders Esel-Aspik
des gesamten Cäsarenreiches.***

Kunst | Musik

Auch für die B-Tonarten (Verminderung um einen Halbton) gibt es einen Merkvers, selbst wenn dieser inhaltlich befremdlich und deutlich kunstfeindlich daherkommt; in der Reihenfolge von einem b bis zu deren sieben sind dies F-dur (1), B-dur (2), Es-dur (3), As-dur (4), Des-dur (5), Ges-dur (6), Ces-dur (7).

G, A, G, A
H, H, A, G
s c t cot.

Mathematik | Trigonometrie

Diese Eselsbrücke ist die sogenannte „*Gaga*H*ü*hner*h*of*AG*“, mit deren Hilfe man die Winkelfunktionen definieren kann; dazu liest man die unter- bzw. übereinanderstehenden Großbuchstaben (also G/H, A/H, G/A, A/G) als Brüche, die dann die darunterstehende (abgekürzte) Winkelfunktion definieren:
Sinus (sin, hier s) = Gegenkathete durch Hypotenuse
Cosinus (cos, hier c) = Ankathete durch Hypotenuse
Tangens (t) = Gegenkathete durch Ankathete
Cotangens (cot) = Ankathete durch Gegenkathete.

„Gar nicht“ wird gar nicht zusammengeschrieben.

Sprache | Deutsch

Dieser Spruch ist autotelisch (selbstbezüglich); er ist seine eigene Aussage.

_G_eh, _d_u _a_lter _E_sel!

Kunst | Musik

Eine der bekanntesten Eselsbrücken der Musik bezeichnet die Stimmung der vier Saiten der Violine (vulgo Geige) – G D A E, in Quinten gestimmt.

Geh, du alter Esel, hole Fische!

Kunst | Musik

Mit diesem respektlosen Merksatz lässt sich die Anzahl der Kreuze bei den Kreuztonarten (Erhöhung um einen Halbton) einprägen, von einem bis zu sechs Kreuzen: G-dur (1), D-dur (2), A-dur (3), E-dur (4), H-dur (5), Fis-dur (6).

Gehört „seit" zu einer Zeit, sorge nicht mit „seid" für Heiterkeit!

Sprache | Deutsch

Also heißt es nach der Hochzeit: „Seit letzter Woche seid ihr doch sehr glücklich."

Ghuti = fish

Sprache | Englisch

Dies ist nicht wirklich eine Eselsbrücke, sondern ein bekanntes Beispiel für die Absurditäten der englischen Aussprache, erfunden von dem großen Dichter, Kritiker und Spötter George Bernard Shaw (1856 bis 1950). Dieser behauptete nämlich, dass nach den Ausspracheregeln des königlichen Englisch („the King's English") dieses von ihm konstruierte Kunstwort wie (engl.) fish ausgesprochen werden müsste, und zwar aufgrund folgender phonetischer Analogien – das gh aus to laugh (lachen), gesprochen als f; das u aus busy (beschäftigt), gesprochen als i; das ti aus station (Bahnhof), gesprochen sch. Diese drei Phoneme aneinandergesetzt ergeben folgerichtig die Phonemfolge von fish.

Glallaamavapp

Kunst | Musik

Diese nach Klang und Vokalreichtum eher einer asiatischen Sprache zuzuordnende Eselsbrücke ist eine rhythmisierende Aufzählung der Tempobezeichnungen in der Musik, geordnet wie nach einer uns vertrauten Skala – der „automobilen“ Geschwindigkeit:

grave – schwer, ernst;
lento –langsam, gedehnt;
adagio – langsam;
largo – breit, gedehnt;
larghetto – langsam;
andante – etwas langsam, „gehend“;
andantino – gemäßigt langsam;
moderato – gemäßigt;
allegretto – gemäßigt rasch;
vivace – lebhaft;
allegro – schnell, munter;
presto – schnell;
prestissimo – sehr schnell.

Grün an Grün und Rot an Rot, geht alles klar, hat keine Not.

Alltagswissen | Seefahrtswissen

Dies ist ein Merkspruch für alle nachtfahrenden Skipper, die ein entgegenkommendes Boot sichten, das in ausreichendem Abstand passieren wird – sie begegnen sich entweder an Backbord (rote Lichter) oder auf der Steuerbordseite (grüne Lichter) – wie sonst, könnte man fragen. Ist ein Ausweichen erforderlich, so steuern beide Boote nach Steuerbord und fahren an Backbord (rot) aneinander vorbei, gemäß dem Merksatz:

Kommt Grün, Weiß, Rot voraus in Sicht, leg Steuerbordruder, zeig rotes Licht.

Das weiße Licht ist das Topplicht am Mast, das Motorboote und Segelboote mit Motor (die in diesem Fall als Motorboote gelten) bei Dunkelheit führen müssen; insofern sieht man drei Lichter auf sich zukommen.

Gut, Junge, wir essen gleich etwas.

Geografie | Deutschland

Ein Merkspruch wie aus dem wirklichen Leben: Alle Eltern haben diesen oder einen ähnlichen Satz zu ihrem Kind oder – entsprechend abgewandelt – zu ihren Kindern gesagt, sei es auf der Fahrt in den Urlaub, zu Verwandten, während eines Kirchen- oder Museumsbesuchs etc., nicht ahnend, dass sie neben einer universal gültigen Frustrationsformel auch eine geografische Gemme auf ihren Lippen hatten – nämlich die Anfangsbuchstaben der sechs größten Städte Thüringens, zudem geordnet von Ost nach West: Gera, Jena, Weimar, Erfurt, Gotha, Eisenach.

Hat einen langen, spitzen Schnabel, trägt einen Kamm auf seinem Kopf, merk dir den Namen Wiedehopf.

Naturwissenschaften | Biologie

Und er riecht streng, wie jedenfalls in Frankreich behauptet wird, was ja immerhin möglich ist; allerdings ist von einem Deodorant für Wiedehopfe nichts bekannt. Ansonsten sieht man den hübschen Vogel in unseren Breiten recht selten.

Hat es den Anschein, kann es sein,
der Schein hingegen legt dich rein.

Sprache | Deutsch

Wenn etwas anscheinend so ist, impliziert das die Möglichkeit, dass es auch anders sein kann; wenn etwas scheinbar so ist, vermuten wir dahinter eine trügerische Absicht – wie bei einer Scheinehe oder einem Scheingeschäft; manche behaupten, dem Geldschein hafte ebenfalls dieser Makel an. Auch die populäre Feststellung, dass der Schein trügt, zielt auf diese scheinbare und eben oft trügerische Darstellung einer Person oder Situation.

-heit und -keit und -ung und -schaft,
-tum und -nis und -chen und -lein,
schreibt man groß und niemals klein.

Sprache | Deutsch

Hier findet sich die Antwort auf die Frage: Woran erkennt man Substantive? Die genannten acht Endungen von (großzuschreibenden) Substantiven decken – so heißt es – fast zwei Drittel aller umgangssprachlich verwendeten Hauptwörter ab. Allerdings hat diese Kennung auch ihre Tücken – sie gilt nämlich nur für Endungen (Suffixe), die an den Wortstamm angehängt sind, z. B. bei Frei-heit, Eigen-schaft, Brauch-tum, Finster-nis usw.; anders sieht es aus bei Worten wie suchen, lachen, allein u. a. m. … Deutsche Sprache – schwere Sprache.

Herr Ober, 5 Helle, 2 Cognac!

Naturwissenschaften | Chemie

In diesem Merksatz versteckt sich die chemische Formel für Alkohol, allerdings – der Wirkung der in der Bestellung enthaltenen Promille entsprechend – in rückwärtiger Reihenfolge: C_2H_5 OH.

Hic, haec, hoc – der Lehrer hat den Stock,
is, ea, id – was will er denn damit,
sum, fui, esse – er dirigiert die Messe.

Sprache | Latein

Auch diese Eselsbrücke (dieser, diese, dieses; er, sie, es; und die Stammformen von esse = sein) gehörte zum Standardrepertoire der Latein lernenden Pennäler; eine etwas drastischere Version endet in Zeile 3 auf „er haut dir auf die Fresse" und verweist damit auf eine Entstehungszeit deutlich vor Bildungs- und Schulreformen.

HOMES

Geografie | Nordamerika

Diese Eselsbrücke, ein Akronym (und zugleich der Plural von engl. home = Zuhause, Heimat, Heim), hilft, die Namen der fünf großen nordamerikanischen Seen zu memorieren: Lake *H*uron (60 000 km^2 groß, zum Vergleich – der Bodensee bringt es auf knapp 600 km^2) Lake *O*ntario (mit 19 500 km^2 der kleinste der fünf, die Grenze zwischen Kanada und USA läuft mitten hindurch), Lake *M*ichigan (58 000 km^2 groß, an seinem Westufer liegen Chicago und Milwaukee), Lake *E*rie (257 000 km^2; man erinnert sich an Fontanes Ballade „John Maynard": „Die Schwalbe fliegt über den Eriesee, Gischt schäumt vom Bug wie Flocken von Schnee …"; zwischen Lake Erie und Lake Ontario fließt der Niagara 40 km und „fällt" dann mit viel Gischt und Lärm 48 m auf der kanadischen bzw. 60 m auf der amerikanischen Seite hinunter – daher der Name Niagara, indianisch für „donnernde Wasser"); der Lake *S*uperior (mit 82 400 km^2 der größte und sicherlich zugleich kälteste Süßwassersee der Erde, auch er ist geteilt durch die Grenze zwischen Kanada und den USA).

HONCS

Naturwissenschaften | Chemie

Nichts geht in der Chemie ohne Kenntnis des Periodensystems; das obige Kunstwort, das sich für Anglophile auch als „hon. cs." (honorary case = ehrenwerter Fall) memorieren ließe, beinhaltet die Symbole der wichtigsten Elemente, dazu in der Reihenfolge ihrer Wertigkeit:

H = Wasserstoff; einwertig,
O = Sauerstoff; zweiwertig,
N = Stickstoff; drei- oder fünfwertig,
C = Kohlenstoff; vierwertig,
S = Schwefel; zwei-, vier- oder fünfwertig.

Hundert m² sind ein Ar, zehntausend m² ein Hektar.

Alltagswissen | Landwirtschaft

Das Flächenmaß Ar (10 mal 10 m; abgekürzt a; aus latein. area = Fläche) ist nicht sehr gebräuchlich, der Hektar (100 mal 100 m)dagegen sehr; in der Landwirtschaft wird außerdem gern mit „Morgen" gerechnet, ein Feldmaß, das in den Regionen unterschiedlich bestimmt ist – der preußische Morgen zählt 25,5 a (= 2 550 m^2), der hessische 25 a; in Baden hat der Morgen gar 36 a, in Bayern immerhin noch gut 34, in Sachsen 27,7 a. Da kann man ins Grübeln kommen …; Zeit, auch die Tageszeit, ist ganz offensichtlich relativ.

Hurra, hier liegen bergeweise Banknoten!
Comisch nur, ohne falsche Nummern;
Natürlich mag Alfred solche Papiere stehlen,
cleverer Angeber.

Naturwissenschaften | Chemie

Nochmals das Periodensystem der Elemente; die Anfangsbuchstaben der Worte dieser – zugegeben etwas grob formulierten – Eselsbrücke bezeichnen die Symbole der ersten achtzehn (immerhin) Elemente:

H = Wasserstoff
He = Helium
Li = Lithium
Be = Beryllium
B = Bor
C = Kohlenstoff
N = Stickstoff
O = Sauerstoff
F = Fluor
Ne = Neon
Na = Natrium
Mg = Magnesium
Al = Aluminium
Si = Silicium
P = Phosphor
S = Schwefel
Cl = Chlor
Ar = Argon.

*I*ch *p*auke *M*itose *a*lle *T*age.

Naturwissenschaften | Biologie

Dem/der armen Paukenden kann geholfen werden – die markierten Anfangsbuchstaben des Merksatzes verweisen auf die fünf Phasen der Zellkernteilung; *I*nterphase (Arbeitsform der Zelle, Verdopplung der DNS), *P*rophase (Anhäufung von RNS, Spiralisierung der Chromosomen), *M*etaphase (Längsspaltung der Chromosomen und Äquatorialordnung der Chromatiden), *A*naphase (Sammlung der Chromatiden an den Zellpolen), *T*elophase (Entspiralisierung, Bildung der Kernmembran, Einschnürung und Bildung zweier neuer Zellen).

ICHTHYS

Alltagswissen | Religion

Der Fisch (griech. ΙΧΘΥΣ) ist eines der ältesten Symbole des Christentums; er war das Erkennungszeichen der frühchristlichen Gemeinden. Er war aber auch eine akrostiche (Wortbildung aus den Anfangsbuchstaben) Glaubensformel:

*I*esous = Jesus
*Ch*ristos − Christus
*Th*eou = Gottes
H*y*ios = Sohn
*S*oter = Erlöser.

Il était une fois
une marchande de foie,
qui vendait du foie
dans la ville de Foix;
elle se dit: Ma foi,
c'est la dernière fois
que je vends du foie
dans la ville de Foix.

Sprache | Französisch

(Es war einmal eine Leberverkäuferin, die verkaufte Leber in der Stadt Foix; sie sagt sich: „Meiner Treu, dies ist das letzte Mal, dass ich Leber verkaufe in der Stadt Foix.") Ein Merkspruch, der an vier unterschiedlich geschriebene, aber gleich ausgesprochene Wörter (Homophone) erinnert; bei der Leber handelt es sich mit Sicherheit um Gänseleberpastete („foie gras"). Zu dieser wiederum hat das alte Städtchen Foix, am Fuße der Pyrenäen zwischen Carcassonne und Andorra gelegen, keine besondere Beziehung – außer dem Reim eben.

Iller, Lech, Isar und Inn
fließen rechts zur Donau hin.
Altmühl, Naab und Regen
kommen links entgegen.

Geografie | Deutschland

Wenn man weiß, dass links dort ist, wo der Daumen rechts ist (bzw. entsprechend umgekehrt), und dass bei Flüssen die Richtung immer mit dem Blick von der Quelle zur Mündung anzugeben ist (also auch stromabwärts und stromaufwärts), dann machen links und rechts hier Sinn. Da die Donau von Westen nach Osten fließt, kommen die vier erstgenannten Flüsse von Süden/Südwesten, die drei übrigen von Norden zur Donau, wo sie dann jedes Jahr bei Regensburg

(Regen, Naab) und Passau (Inn) große Überschwemmungen verursachen.

Im Jahre achthundert
Kaiser Karl wird bewundert.

Geschichte | Deutschland

Als König des Fränkischen Reichs (bis zum Jahr 771 gemeinsam mit seinem Bruder Karlmann) unterwarf Karl der Große (747 bis 814; latein. Carolus Magnus, französ. Charlemagne) etliche Regionen und sicherte die Grenzen des Reichs durch Einrichtung von Marken; er führte (von „Königsboten" kontrollierte) Grafschaftsverfassungen sowie eine zentrale Rechtsordnung und Gesetzgebung ein. Für seine Unterstützung des Papstes Leo III. im (siegreichen) Kampf gegen die Langobarden und seine großen Verdienste bei der Christianisierung krönte dieser ihn am 25. 12. 800 in Rom zum Römischen Kaiser.

Im Jahre neunzehnhundertneunundvierzig
die neue Bundesrepublik, die rührt sich.

Geschichte | Deutschland

Erst vier Jahre nach der Beendigung des Zweiten Weltkriegs durften die Deutschen wieder einen eigenen Staat haben: Am 23. Mai 1949 wurde auf dem Gebiet der Besatzungszonen der drei Westmächte durch Inkrafttreten des Grundgesetzes die Bundesrepublik Deutschland (BRD) gegründet; die Deutsche Demokratische Republik (DDR) entstand im gleichen Jahr wenig später auf dem Gebiet der sowjetischen Besatzungszone (SBZ).

Im Osten geht die Sonne auf,
im Süden nimmt sie ihren Lauf,
im Westen will sie untergehen,
im Norden ist sie nie zu sehen.

Naturwissenschaften | Astronomie

Eine Eselsbrücke der Himmelsrichtungen für unsere Kleinen und offensichtlich dem geozentrischen Weltbild verhaftet, von dem sich ja auch die Sancta Ecclesia jahrhundertelang nicht trennen mochte. Die Metaphern vom Auf- und Untergang der Sonne sowie von ihrer „Himmelsreise“ sind die Reste eines jahrtausendealten Sonnenmythos, den sich die Menschheit in dieser fast kindlichen Vorstellung erhalten hat. Ein anderer Merkspruch lautet: „*N*ie *o*hne *S*eife *w*aschen.“

In eighteen sixty-five
Abraham Lincoln didn’t survive.

Geschichte | USA

(Abraham Lincoln überlebte nicht das Jahr achtzehnhundertfünfundsechzig.) Am 14. 4. 1865 – der amerikanische Bürgerkrieg war soeben beendet – wird Präsident Lincoln im Ford-Theater in Washington erschossen, nachdem er in einer Rede zuvor das Wahlrecht für schwarze Bürgerkriegsveteranen gefordert hat. Sein Mörder ist John Wilkes Booth, ein glühender Verfechter der Sklaverei, der die Vorstellung eines Bürgerstatus für Schwarze („black citizenship“) für Verrat an der amerikanischen Verfassung hält. Lincolns Nachfolger wird sein Vizepräsident Andrew Jackson.

In fourteen hundred and ninety-two
Columbus sailed the ocean blue.

Geschichte | Neuzeit

(Vierzehnhundertzweiundneunzig segelte Kolumbus auf dem blauen Ozean.) Die anglophone Version der Großtat (wider Willen) des Kolumbus gibt sich deutlich neutraler, was die Differenz zwischen Absicht und Ergebnis angeht.

Inn von Süd und Ilz von Nord
treffen sich am gleichen Ort;
mit der Donau geht's bergab
bis zum Schwarzen Meer hinab.

Geografie | Deutschland

Passau ist die Stadt der drei Flüsse, was zwar eine geografische Besonderheit ist und der Stadt zu einer gewissen Berühmtheit verholfen hat, die aber wiederum auch ihren Preis hat. Jedes Jahr gibt es hier, bewirkt durch die von Inn und Ilz in die Donau hereinströmenden Wassermassen und ihr an diesem Ort relativ enges Flussbett (ca. 200 m), weitläufige Überflutungen der Innenstadt, was gerade in Anbetracht der vielen historischen Bauten und Straßenzüge sehr risikoreich und sicherlich auch kostspielig ist. Wohin die Donau, nach der Wolga Europas zweitlängster Fluss mit 2850 km, dann fließt, sagt der Merkspruch ebenfalls.

***In** **r**echter **O**rdnung **l**erne **J**esu **P**assion.*

Alltagswissen | Religion

Die Reihenfolge der Passionssonntage (Passion ist hier die Leidensgeschichte Christi) im katholischen Kirchenjahr gehören zwar nicht zu jedermanns Alltagswissen, aber ein wenig christliches Wissen, zumal in beeindruckender lateinischer Codierung, kann eigentlich nicht schaden: *In*vo cavit, *Re*miniscere, *O*culi, *L*aetare, *J*udica, *Pal*marum; dazu gehören noch die Sonntage Septuagesima (70 Tage bis Ostern), Sexagesima (dto. 60 Tage) und Estomihi, darauf folgen die sechs Sonntage des Merksatzes. Deren Namen, beginnend mit Estomihi, geben die jeweiligen ersten (lateinischen) Worte der Wochenpsalmen wieder: „Sei mir" (ein starker Fels); „Er ruft mich an" (darum will ich ihn erhören); „Gedenke" (Herr, deiner Barmherzigkeit); „Meine Augen" (sehen stets auf den Herrn); „Freuet euch" (mit Jerusalem); (Gott, schaffe mir) „Recht". Der Palmsonntag hat seinen Namen vom Inhalt des Evangeliums – dem Einzug Jesu in Jerusalem, wo er von jubelnden Anhängern mit Palmenzweigen in den Händen begrüßt wird.

In ten sixty-six
William made the Saxons sick.

Geschichte | England

(Im Jahr 1066 machte Wilhelm die Sachsen krank.) Wilhelm, Herzog der Normandie und später „der Eroberer" („the Conqueror") genannt, schlug 1066 in der Schlacht bei Hastings das Heer der Angelsachsen, geführt von König Harald; der Ort der für die Geschichte Englands entscheidenden Niederlage heißt sinnigerweise heute Battle (Schlacht). Seit dieser Zeit ist England – sozusagen geopolitisch – ein Teil Europas, die französische Sprache und Kultur bestimmen einige Jahrhunderte die Entwicklung der Politik und Gesellschaft Englands, und auch die tief verwurzelte Rivalität und zeitweise auch offene Feindseligkeit gegenüber Frankreich ist hier begründet.

In Versailles hat 1871 unverdrossen Bismarck das Deutsche Reich beschlossen.

Geschichte | Deutschland

Die Reichsgründung im Spiegelsaal von Versailles am 18.1.1871 war der Höhepunkt der Karriere des „Eisernen Kanzlers" und preußischen Ministerpräsidenten Otto von Bismarck, denn sie machte ihn zum Fürsten; bis zu seiner erzwungenen Abdankung 1890 wurde ihm, v.a. innenpolitisch, wenig Erfolg und Anerkennung zuteil. Das Deutsche Reich war gegen den erbitterten Widerstand Frankreichs entstanden, sodass nach dem Sieg Deutschlands unter der Führung Preußens im Deutsch-Französischen Krieg 1870/71 die Reichsgründungszeremonie in Versailles eine für die Franzosen erniedrigende Geste war.

Je n'aime pas le thé.

Sprache | Französisch

(Ich mag *keinen* Tee.) Wiederum ist es nicht die wörtliche Übersetzung, die den Eselsbrückensinn enthält; dieser wird deutlich, wenn der Tee (thé) zum t wird, bei gleicher Aussprache, versteht sich. Dann heißt der Satz „Ich mag *kein* t", und das bedeutet, dass die auf je/ich folgende Verbform (also die 1. Person Singular) kein t am Ende haben darf. „Much ado about nothing", viel Lärm um nichts, könnte man mit William Shakespeare dazu sagen, aber es klingt doch nett, oder?

June – too soon,
July – be shy,
August – must,
September – remember,
October – over.

Geografie | Wetterkunde

(Juni – zu früh, Juli – sei vorsichtig, August – muss sein, September – erinnere dich, Oktober – vorbei). Die amerikanische Wirbelsturmsaison dauert in der Regel von Juli bis September. Diese in der Karibik entstehenden Hurricanes richten, in letzter Zeit deutlich zunehmend, v. a. in den Südstaaten der USA immer großen Schaden an, was erklärt, dass dort dieser Merkspruch bzw. seine Mahnung allen Bewohnern vertraut ist.

Kammerherr, welch Gloria
klingt im eingestrich'nen A.

Kunst | Musik

Jede/-r Besucher/-in eines Sinfoniekonzerts oder einer Opernaufführung kennt das „Einschwören" des Orchesters auf den Kammerton A, der meistens vom Konzertmeister oder der Ersten Geige angestimmt wird und der die Frequenz von 442 oder 443 Hertz hat (oder haben soll). Insofern unterscheidet sich der „wahre" Kammerton vom früher in Kirchen gespielten Kammerton; dort nämlich lag das A aufgrund der niedrigen Temperaturen und der höheren Luftfeuchtigkeit niedriger, etwa bei 427 Hertz, was die Klangfarbe und „Strahlkraft" der Musik beeinträchtigte, auf die man bei Musik in der „Kammer", also in geheizten und weniger hohen Räumen, nicht verzichten wollte. Welch ein Konflikt! Und dann kam das Telefon und stellte mit dem Ton „Leitung frei" klar – es sollten mindestens 440 Hertz sein. A(ha)!

**Kannst du Adjektive mit „und“ verbinden
sollltest stets das Komma du vorfinden.**

Sprache | Deutsch

Eigenschaftswörter (Adjektive) mit attributiver (ergänzender) Funktion und Satzteile werden nur dann mit Komma voneinander getrennt, wenn sie sich sinnvoll auch mit „und“ verbinden lassen. Die Logik dieser Regel steckt in der trennenden und gleichzeitig verbindenden Funktion (als „Bindewort“) von „und“.

**Karl der Kühne verlor
bei Grandson das Gut,
bei Murten den Mut,
bei Nancy sein Blut.**

Geschichte | Schweiz

Karl der Kühne (1433 bis 1477), Herzog von Burgund, galt zu seiner Zeit als sehr reich und äußerst ehrgeizig; wiederholt kämpfte er gegen den König von Frankreich. Im Krieg gegen die mit Frankreich verbündeten Schweizer Eidgenossen wurde er zunächst in der Schlacht bei Grandson (im März 1476), drei Monate später dann bei Murten vernichtend geschlagen; er starb wenig später bei Nancy.

**Keiler, Bache, Frischling hinterdrein,
das kann nur die Familie Schwarzwild sein.**

Naturwissenschaften | Biologie

Im Jagdjargon heißen die männlichen Wildschweine Keiler (weil sie mit ihren Hauern Keile austeilen), die weiblichen Bache, was immerhin freundlicher klingt als Wildsau, und die jungen („frischen“), solange sie noch hellbraun und gestreift sind, eben Frischlinge. In Berlin-Grunewald, wo das Schwarzwild regelmäßig die Gärten umpflügt, heißen alle zusammen „verdammtes Sauenpack“.

Kein r im Monat, keine Austern essen.

Alltagswissen | Gesundheit

Diese sog. Austern-Regel – keine Austern zwischen Mai und August – stammt aus einer Zeit, als die Kühlung von frischen Meeresfrüchten schwierig war, zumal während der heißen Sommermonate. Abgesehen davon wurden während dieser Monate auch deshalb Austern gemieden, weil sie zu dieser Zeit laichten und daher eh nicht so köstlich waren. So blieb den armen Gourmets damals wohl nichts übrig, als den Champagner mit Hummer oder Langusten zu genießen, über deren aphrodisierende Wirkung allerdings nichts bekannt war; diese ist bei Austern legendär – im doppelten Wortsinn.

*K*ennt *s*o *d*och *k*ein *P*ennäler.

Geografie | Geologie

Mit dieser Eselsbrücke kennt er/sie dann aber doch die fünf Formationen des Erdaltertums, auch Paläozoikum genannt: Kambrium, Silur, Devon, Karbon und Perm. Diese Formationen unterteilen die Geschichte der Erde von ca. 600 Millionen bis 270 Millionen Jahren vor unserer Zeitrechnung.

*K*ing*s* *p*lay *c*ards *o*n *f*ine *g*reen *s*tools.

Naturwissenschaften | Biologie

(Könige spielen Karten auf feinen grünen Hockern.) Dies ist die englische Version von SKOFGA, erweitert um eine Kategorie:

Kingdom (Königreich), z. B. Tiere, Pflanzen
Phylum (Stamm)
Class (Klasse)
Order (Ordnung)
Family (Familie)

Genus (Gattung)
Species (Art)

Man beachte den deutlichen impliziten „Monarchismus" dieser Version, gepaart mit leichter Kritik am königlichen Kartenspiel; hoffentlich kein Poker.

KLAPS

Mathematik | Algebra

Die KLAPS-Regel (*Kla*mmer vor *P*unkt und *S*trich) fasst zwei Grundregeln bei der Auflösung von Gleichungen zusammen. 1. Immer zunächst die Klammern auflösen. 2. Dann gilt: Punktrechnung (= Multiplizieren und Dividieren) vor Strichrechnung (Addieren und Subtrahieren). Und wer es nicht kapiert, bekommt einen …? Das war zumindest so in der „guten alten Zeit", als die Lehrer noch Schulmeister hießen; über die Spätfolgen dieser Praxis geben die PISA-Studien Auskunft.

Klio MEUTErTh – mein PoKal

Kunst / Mythologie

Da hat sich jemand wirklich große Mühe gegeben, die Namen der (seit Hesiod) neun Musen, in der griechischen Mythologie göttliche Töchter des Zeus und der Mnemosyne, in einen Merkspruch zu zwängen, zumal diese ja immer singend umhertanzten (mit ihrem Tanzmeister Apollo, der deshalb auch Musagetes, Musenführer, hieß); als die beliebtesten Aufenthaltsorte dieser Göttinnen der Künste und Wissenschaften galten der Nordhang des Olymps (beim Papa), aber auch der Helikon (nach Hesiod, der aus der Gegend stammte) und der Parnass (der seither als symbolischer Ort der Dichtkunst gilt). Im Folgenden sind die Damen mit ihren – wenngleich nicht immer exklusiven – Zuständigkeiten aufgeführt,

Klio, Geschichtsschreibung
*M*elpomene, Tragödie
*E*uterpe, Tonkunst
*U*rania, Sternkunde
*T*erpsichore, Tanz
*Er*ato, Liebesdichtung
*Th*alia, Lustspiel/Komödie
*Po*lyhymnia, Gesang
*Kal*liope, erzählende Dichtung

Kugeloberflächen akkurat: 4 mal Pi mal r^2.

Mathematik | Geometrie

Dies ist der Merksatz für die Formel zur Berechnung von Kugeloberflächen: $O = 4\pi r^2$.

*Ku*rt *Sta*nowski *g*eht *h*eim *a*llein.

Alltagswissen | Verkehr

Diese Eselsbrücke ist der Versuch, dem/der Fahrschulanfänger/-in die Reihenfolge der wesentlichen Handgriffe (bzw. Fußbewegungen) nahezubringen – *K*upplung treten; *s*tarten = Schlüssel drehen; *G*ang einlegen; *H*andbremse lösen; *a*nfahren = Kupplung langsam „kommen" lassen; anzufügen wären noch: Rückspiegel kontrollieren, Schulterblick, entspanntes Lächeln nach rechts zum Fahrlehrer, konzentriert schauen, Hände am Lenkrad auf „10 vor 2", u. v. a. m.

Lärchen sind Bäume, Lerchen sind Vögel.

Sprache | Deutsch

Das ä der Bäume findet sich in der Lärche wieder; damit ist das Problem der differenziellen Rechtschreibung gelöst und die Lerchen können wieder in den Himmel aufsteigen. Sie sind, wie zu erfahren ist, inzwischen zu einer bedrohten Art geworden, und Bauern werden allerorten gebeten, bei der Aussaat auf ihren Feldern Lücken für die Lerchen zu lassen, damit diese besser von ihren Nestern an- und abfliegen können. Könnte das „Lerchensterben" daran liegen, dass die Holzindustrie versehentlich Lerchen anstelle von Lärchen gefällt hat?

Lauwarme Milch auf Elfenbein gibt ihm wieder hellen Schein.

Alltagswissen | Haushalt

Diese kosmetische Applikation – die Wahl der Milch, ob Bio-, Halbfett- oder H-Milch, bleibt den Besitzern von Klavieren, Elfenbeinamuletts oder Brieföffnern überlassen – dient der Wiederherstellung alten Glanzes, der allerdings durchaus ambivalent ist. Die etwas nachdenklichen Eigentümer solcher Prachtstücke werden sich daran erinnern, dass die Klaviertasten von Instrumenten besonders des späten 19. und frühen 20. Jahrhunderts, d. h. zur Zeit des imperialen Kolonialismus nach der „Aufteilung" Schwarzafrikas in Berlin (1885), aus Ebenholz und Elfenbein gefertigt waren und damit ein Stück exotische Pracht, leider aber auch koloniale Symbolik in die Salons und Wohnzimmer brachten. Inzwischen werden sie aber – was Wunder – aus Plastik hergestellt, und für Schmuckstücke werden die Stoßzähne tiefgefrorener Mammuts aus dem Boden der sibirischen Tundra geholt. Vielleicht sollte irgendjemand dies Sir Paul (McCartney) mitteilen, denn der Text seines Popsongs „Ebony and Ivory" (eben besagtes Ebenholz und Elfenbein) wäre eigentlich umzuschreiben, sowohl aus Gründen der politischen Korrektheit wie des globalen Marketings.

*L*eise *d*uftet der *Qu*a*lm*.

Naturwissenschaften | Geologie

Ein Merksätzchen, zudem mit gemischter Analogietechnik, zur Memorierung der wenig bekannten drei Phasen der Jura-Zeit – Lias, Dogger und Malm; unterschieden werden sie nach den sog. Leitammoniten, d. h. den Versteinerungen von Ammonshörnern (Kopffüßer). Die Häufigkeit der vielen Unterarten dieser Weichtiere machen sie für die Juraformation zu Leitfossilien.

Leuchttest für Gartenmauskopy

Alltagswissen | Antike

Die sieben Weltwunder des klassischen Altertums sind der Schrecken aller geldgeilen Fernseh-Quizzer; erstmals aufgelistet erschienen sie in einem Epigramm des Antipatros von Sidon (2. Jhd. v. Chr.). Hier sind sie:

Der *Leucht*turm von Pharos,
der *Te*mpel der Artemis in Ephesos
die *St*atue des Zeus von Phidias in Olympia,
die hängenden *Gärten* der Semiramis in Babylon,
das *Maus*oleum in Harlikarnassos,
der *Ko*loss von Rhodos,
die *Py*ramiden Ägyptens.

Abweichend davon werden manchmal – so bei Philon von Byzanz – der Leuchtturm von Alexandria und der Zeus-Altar von Pergamon zu den Weltwundern gerechnet.

Liebe Betty, bitte comm nicht ohne frische Nelken.

Naturwissenschaften | Chemie

Das Periodensystem der chemischen Elemente (PSE) gehört zum festen Albtrauminventar vieler Studierender der Chemie. Der obige Merksatz hilft beim Memorieren der Elemente der zweiten Reihe (Periode) in der Reihenfolge Lithium, Beryllium, Bor, Kohlenstoff (Carboneum), Stickstoff (Nitrogenium), Sauerstoff (Oxygenium), Fluor und Neon.

Links lose, rechts fest.

Alltagswissen | Technik

Die meisten Glühbirnen wie auch Muttern (gemeint sind die, die auf Schrauben sitzen) haben Rechtsgewinde, und dabei gilt der obige Merksatz. Bleibt darauf hinzuweisen, dass dieser Merksatz nicht in der Politik gilt.

Luna mentit.

Naturwissenschaften | Astronomie

Diese Aussage (Der Mond lügt) ist eine altphilologische Gemme, die lateinische Sprachkenntnis und Logik erfordert. Dahinter stehen die lateinischen Verben crescere (= wachsen) und decrescere (= abnehmen, weniger werden); ist nun die Sichel des Mondes gleich einem C, so lügt er, weil das C auf crescere verweist, er aber tatsächlich abnimmt; und umgekehrt gilt das für descrescere. Da lacht das Herz des Lateiners; verdientermaßen.

Luv zum Wind,
Lee weg vom Wind.

Alltagswissen | Seefahrt

Oder etwas drastischer: *Spuck nach Lee, fällt's in die See.*

Eine Eselsbrücke für Landratten, die sich auf einem Segelboot bzw. auf navigablen Gewässern nicht auskennen; die Vokalverwendung im Merksatz ist hier eine Hilfe. Entsprechend bedeutet „anluven" das Boot stärker in den Wind drehen und „abfallen" das Boot aus dem Wind nehmen. Die beiden Begriffe der Seemannssprache gehen auf zwei holländische Wörter zurück: „Loefzijde" ist die Windseite, an der ein zusätzliches Ruder angebracht war, um zu verhindern, dass das Boot sich in den Wind drehte; „lijzijde" ist die „laue", windabgekehrte Seite.

„Macht" und „tut"
tun selten gut.

Sprache | Deutsch

Es könnte der Einprägsamkeit dienen, wenn man sich bei diesem Merkspruch tief seufzende oder gar weinende Deutschlehrer/-innen vorstellt, die bei Aufsatzkorrekturen alle Verbformen von machen und tun durchstreichen und als Ausdrucksfehler markieren. Jeder Minister „macht einen guten Job", und das soll lässig und locker klingen, trendig amerikanisch, obwohl in USA die Leute ihre Jobs „tun". Aber uns tut es gefallen, oder?

M*a*g*e*rm*i*lchj*o*gh*u*rt

Sprache | Deutsch

In der Bezeichnung für dieses sicherlich äußerst gesunde Getränk sind die fünf Vokale versteckt – a, e, i, o, u; für Lactose-Empfindliche ließe sich auch „Alte Esel i-aa-en oft unerträglich" anbieten. Für den zerstreuten Wissenschaftler, der mal wieder seine Vokale vergessen hat, gibt es die Version: „Albert Einstein ist ohne Uhr"; diese ist aber etwas gemein, weil Einstein ja immerhin Entscheidendes zum „Zeit"-Verständnis beigetragen hat – sie ist, wie der Raum, relativ zum Bewegungszustand des Beobachters. Was das alles mit Magermilchjoghurt zu tun hat? Versuchen Sie mal, Magermilchjoghurt bei Lichtgeschwindigkeit zu trinken!

Mais où est donc Ornicar?

Sprache | Französisch

(Aber wo ist nun Ornicar?) Die wörtliche Übersetzung dieser in Frankreich vielleicht bekanntesten Eselsbrücke, dort auch „pense-bête" (Denk, Dummkopf) genannt, geht am mnemonischen Sinn vorbei. Es handelt sich hier nämlich um die Aneinanderreihung von Bindewörtern oder Konjunktionen – mais (aber), où (wo), et (und), donc (nun, also), or (nun), ni (weder/noch), car (denn), wobei die gleiche Aussprache (Homophone) von où/wo und ou/oder sowie est/ist und et/und bei dem Satzsinn hilfreich ist. Man lese und staune – es gibt in Frankreich eine Big Band Ornicar sowie einen Film (1979) dieses Titels.

Männlich ist die Endung -age außer bei l'image, la plage, la rage, la cage.

Sprache | Französisch

(L'image = das Bild, la plage = der Strand, la rage = die Wut, la cage = der Käfig). Ausnahmen sind der Albtraum aller Lernenden, seien sie – wie hier – Genus oder Schreibung und Aussprache betreffend. Oft hilft bei romanischen Sprachen, wie bei deren „Mutter" Latein, ein Blick auf die Endung – aber eben nicht immer.

Männlich sind, das merke dir,
Nomina auf -us, -er,-ir.
Neutra sind dann wiederum
alle, die enden auf -um.
Sprache | Latein

Selbstverständlich gibt es auch für diese Regel Ausnahmen – fagus (die Buche), vulgus (Volk, Menge), und andere mehr.

***M*an *v*erachtet *e*inen *M*enschen *i*n *s*einem *U*nglück *n*ie, *P*eter.**
Naturwissenschaften | Astronomie

Siehe (→) Mein Vater erklärt mir jeden Sonntag ...

Marc und Macke in blauer Jacke,
Kandinsky und Jawlensky mit blauen Ski,
Werefkin und Münter im blauen Winter,
Campendonk und Kubin am blauen Kamin.
Kunst | Malerei

„Der Blaue Reiter“ war eine Künstlergemeinschaft, die sich 1911 in München gründete; der Name stammte von einem Bild W. Kandinskys, das auf dem Umschlag des für die Bewegung programmatischen Almanachs „Der Blaue Reiter“ (1912) abgedruckt war. Zur Gruppe, die bedeutende Beiträge zur Kunst der Moderne leistete, gehörten Franz Marc, August Macke, Wassily Kandinsky, Alexej von Jawlensky, Marianne von Werefkin, Gabriele Münter, Heinrich Campendonk, Alfred Kubin und einige andere.

Mary's Violet Eyes Make John Sit Up Nights

Naturwissenschaften | Astronomie

Siehe (→) Mein Vater erklärt mir jeden Sonntag …

May I have a large container of coffee right now, please?

Mathematik | Geometrie

Mit diesem Satz (Kann ich bitte sofort einen großen Behälter mit Kaffee bekommen?), lässt sich die Kreiszahl π (Pi) gut merken; diese wurde zwar zuerst von Archimedes berechnet, dann aber zu Ehren des holländischen Mathematikers Ludolf van Ceulen auch ludolfsche Zahl genannt. Der Trick: Die Anzahl der Buchstaben in den einzelnen Wörtern (may = 3, I = 1, have = 4 usw.) ergibt aneinandergesetzt die gesuchte (irrationale) Kreiszahl – 3,1415926536…. Die englische Sprache bot sich hier wohl an, da sie – z. B. im Gegensatz zum Deutschen – keinen Mangel an einlettrigen Worten hat.

MeGuSaHoNiCoPa

Geografie | Mittelamerika

Was hier fast wie der Name einer exotischen Schmetterlingsart klingt, ist ein Kunstwort, in dem die ersten beiden Anfangsbuchstaben der mittelamerikanischen Staaten aneinandergereiht sind, und zwar der Reihenfolge von Nord nach Süd folgend:

Me = Mexiko
Gu = Guatemala
Sa = (El) Salvador
Ho = Honduras
Ni = Nicaragua
Co = Costa Rica
Pa = Panama

Mehlteig wird, wie ihm gebührt, immer nur kalt angerührt.

Alltagswissen | Kochen

Na, dann kann's ja losgehen; nach Weihnachten ist vor Weihnachten, so könnte man den bezüglich Fußball gemachten Spruch eines legendären Nationaltrainers hier abwandeln. Kühle Teige sind Blätter-, Rühr- und Mürbeteig; nur der Hefeteig braucht Wärme zum „aufgehen".

*M*ein *V*ater *e*rklärt *m*ir *j*eden *S*onntag *u*nsere *n*eun *P*laneten.

Naturwissenschaften | Astronomie

Da wären sie also, die neun 1. um die Sonne kreisenden, 2. nahezu runden (= im hydrostatischen Gleichgewicht befindlichen) und 3. mit „aufgeräumter" Umgebung versehenen Himmelskörper, denn dies sind die drei Kriterien der Internationalen Astronomischen Union, die von Himmelskörpern erfüllt sein müssen, die den Planetenstatus anstreben: Merkur, Venus, Erde, Mars, Jupiter, Saturn, Uranus, Neptun, Pluto, alle miteinander Götternamen inklusive der Venus (unserer Schönsten), nur wir fallen aus dieser Reihe. Aber halt – da ist ja seit 2005 noch ein zehnter, die Nr. 2003UB313 aus dem Kuiper-Gürtel namens Eris (von Astronomen auch liebevoll Erich genannt); er ist allerdings ein Zwergplanet (= mit „unaufgeräumter" Umgebung, der Schlingel) und insofern kein „richtiger" Planet – wie übrigens auch Pluto, dessen planetarische Identität ebenfalls von der IAU angezweifelt wird. Also nur acht Planeten? Oder deren zehn? Wir sehen – der arme Vater muss schon ein wenig mehr erklären am Sonntag, und deshalb, liebe Kinder, schaut einfach die Sendung mit der Maus. Eine andere Eselsbrücke planetarischen Inhalts ist der moralische Merksatz für Peter: *Man verachtet einen Menschen in seinem Unglück nie, Peter.* In England war man übrigens schon immer vorsichtiger bei wissenschaftlichen Festlegungen: Der aus dem 19. Jahrhundert stammende Reim *Mary's Violet Eyes Make John Sit*

Up Nights (Marys veilchenblaue Augen lassen John nachts spät zu Bett gehen) nennt nur acht Planeten.

Mit „who" niemals „to do".

Sprache | Englisch

Wenn who (wer) Fragesubjekt ist, wird die Frage nicht mit „to do" umschrieben: „Who wants a beer?" Gleiches gilt für Fragen mit „to be" (sein): „Who are you?" oder das geläufige „How are you?" (Wie geht's?); oder die unter Psychoanalytikern übliche Variante „How am I?" (Wie geht's mir?).

Mit Knochen 31, ohne Knochen 30.

Alltagswissen | Kalender

Was wie ein in seiner Bedeutung eher dunkel bleibender Merkspruch für Fleischerlehrlinge klingt, ist in Wahrheit der Versuch, den „Knöcheltest" zur Eruierung der Monatslänge – 30 oder 31 Tage, wenn man den verqueren Schaltmonat Februar mal außen vor lässt – in eine memorierbare Form zu bringen. Jedes Kind weiß, dass man lediglich die geballten Fäuste, Knöchel nach oben, nebeneinanderzulegen braucht, um dann an den Knöcheln abzählen zu können: Januar 31, Februar irregulär (28 oder 29 Tage), März 31, April 30 … Juli 31, August 31 (passt!), September 30 usw.; eine weitere diesbezügliche Eselsbrücke, die aber weniger sinnfällig ist, lautet: *30 Tage haben April, Juni, September und November.*

Mosel, Saar, Nahe, Rhein schließen rings den Hunsrück ein.

Geografie | Deutschland

Der Hunsrück ist der südwestliche linksrheinische Teil des Rheinischen Schiefergebirges, das wie ein Riegel zwischen Nordwest- und

Südwestdeutschland liegt. Mosel und Nahe begrenzen den Hunsrück im Norden und Süden, Saar und Rhein im Westen und Osten.

Moskau – Elba – Waterloo, dann St. Helena bis ultimo.

Geschichte | Frankreich

Die bereits weiter oben angesprochene Freude über die Erfolge Napoleon Bonapartes war den Franzosen schon 1812 mit dem verlorenen Russlandfeldzug vergangen; der Merkspruch listet die Stationen von Napoleons Niedergang auf – nach der Winterkatastrophe vor Moskau folgten 1814 seine erzwungene Abdankung und die Verbannung auf die Insel Elba (April 1814 bis März 1815), immerhin nahe der korsischen Heimat und als „Herrscher" über eine Insel; es folgte die „Herrschaft der 100 Tage", die mit der sprichwörtlichen Niederlage von Waterloo (Juni 1815) durch die Preußen und Engländer endete; dann folgte im August die Verbannung nach St. Helena, im Südatlantik gelegen und hoffnungslos isoliert: Dort starb Napoleon Bonaparte im Mai 1821.

Nach fünfundvierzig gab's zwei Staaten, die neunzig sich zusammentaten.

Geschichte | Deutschland

Nach dem Ende des Zweiten Weltkriegs teilten die Siegermächte USA, UdSSR, England, Frankreich das Deutsche Reich in vier Besatzungszonen auf (Potsdamer Abkommen, Febr. 1945); gegründet wurden die beiden deutschen Staaten – Bundesrepublik Deutschland (BRD) und Deutsche Demokratische Republik (DDR) – erst im Jahr 1949, der erste als Zusammenschluss der drei Westzonen, der zweite als Umwandlung der sowjetischen Besatzungszone (SBZ). Am 1. Juli 1990 trat der Staatsvertrag zwischen der BRD und der DDR in Kraft, mit dem die politische, wirtschaftliche und rechtliche

Union der beiden Länder vollzogen wurde; damit hörte die DDR auf, zu existieren.

Nach l, m, n, r, das ist ja klar,
kommt nie tz und nie ck.

Sprache | Deutsch

Eine Rechtschreibhilfe für unsere Kleinen, würde man sagen, aber auch die Großen können hier mal unsicher werden; also–welken, Imkerhonig, Anker, Erker und Walze, Umzug, anziehen, Erzfeind.

Nach si, nisi, ne, num,
quo, quando, ubi, cum,
fällt ali- um.

Sprache | Latein

Dieser in Gymnasiastenkreisen sehr bekannte Merkspruch bezieht sich auf das Pronomen (Fürwort) aliquis (irgendeiner, jemand) bzw. aliquid (etwas, irgendetwas); nach den genannten Konjunktionen si (wenn, falls, ob), nisi (wenn nicht, außer), ne (dass nicht, damit nicht), num (ob, ob nicht), quo (damit, dass), quando (wann), ubi (wo, als), cum (mit) entfällt bei folgendem aliquis/-quid das ali-, warum auch immer. Es besteht dann nämlich die Verwechslungsmöglichkeit mit quis/quid (welcher, welches).

Nord ist rot, und Süd ist grün.

Naturwissenschaften | Astronomie

Manchmal sind auf Kompassen die Richtungen Nord und Süd in den obigen Farben markiert. Mindestens so zuverlässig sind allerdings die Buchstaben N und S (bzw. W und O).

Oh, be a fine girl, kiss me cordially, sweetheart.

Naturwissenschaften | Astronomie

(Oh, sei ein feines Mädchen, küss mich von Herzen, Schatz). Wer hätte den Bewohnern des Vereinigten Königreichs solche erotischen astronomischen Merksprüche zugetraut! Hinter den Anfangsbuchstaben der neun Wörter verbergen sich die Spektralklassen der Sterne, nämlich

O – sehr heiße, blaue Sterne mit Absorptionslinien des Heliums,
B – desgleichen, mit Absorptionslinien des neutralen Heliums,
A – weiß-blaue Sterne mit Absorptionslinien des Wasserstoffs,
F – weiß-gelbe Sterne mit Wasserstoff- und Metalllinien,
G – gelbe Sterne mit überwiegend Metalllinien,
K – gelb-rote Sterne mit Metalllinien und Molekülbändern des Titanoxids
M – rote Sterne mit überwiegend Bändern des Titanoxids,
C – (früher R und N) kühle Sterne, „Kohlenstoffsterne“ genannt,
S – rote Sterne mit Molekülbändern der Seltenerdmetalle.

Da bleibt wenig Erotisches übrig; zur sogenannten Hauptsequenz (Klassen O bis M) gehören 99 % der sichtbaren Sterne, unsere Sonne gehört zur Klasse S (+ G2, aber das ist eine andere Geschichte).

Oh, Sie altes Ferkel!

Naturwissenschaften | Chemie

Dies ist eine bei Chemiestudenten sehr beliebte Eselsbrücke, die man allerdings bei Anwesenheit von Lehrenden nur leise vor sich hinmurmeln sollte. Die Anfangsbuchstaben der Wörter markieren die häufigsten Elemente der Erdkruste, nämlich:

O = Sauerstoff
Si = Silicium

Al= Aluminium

Fe = Eisen

Von diesen stellt Sauerstoff den höchsten Anteil mit 49,5 %, gefolgt von Silicium mit 25,8 %, das allerdings nur in gebundener Form (Dioxid oder Silikate) vorkommt. Aluminium, Eisen und andere Elemente liegen unter 10 %. Man erinnert sich – Silicium ist das wichtigste Material der Halbleiter- und Mikrotechnologie.

Onkel Otto orgelt tagtäglich, aber freitags verspeist er gerne viele alte Hamburger.

Naturwissenschaften | Medizin

Onkel Otto kann nur täglich orgeln und freitags Hamburger verschlingen, weil seine zwölf Hirnnerven(paare), auch Kranialnerven (latein. nervi craniales, d. h. oben liegend) genannt, so wunderbar funktionieren. Sie heißen in der oben markierten Reihenfolge:

N. olfactorius, der Riechnerv

N. opticus, der sog. Sehnerv, der eigentlich eine Hirnverbindungsbahn ist und deshalb heute Fasciculus opticus (Augenstiel) heißt

N. oculomotorius, zuständig für die Augenmuskulatur

N. trochlearis, der den oberen schrägen Augenmuskel versorgt

N. trigeminus, der Drillingsnerv mit den drei Hauptästen Augen-, Oberkiefer- und Unterkiefer-Trigeminus

N. abducens, der „Abziehernerv“, für die seitliche Augenmuskulatur

N. facialis, der Gesichtsnerv, zuständig für die mimische Gesichtsmuskulatur

N. vestibulocochlearis oder statoacusticus, der Gleichgewichts- und Gehörnerv

N. glossopharyngeus, der Zungenschlundnerv und damit Hauptgeschmacksnerv

N. vagus, der zum Parasympathikus gehört
N. accessorius, ein Bewegungsnerv für Teile der Kopfmuskulatur
N. hypoglossus, der Unterzungennerv, zuständig für die Zungenmuskulatur

Was man so alles im Kopf hat …

Paula *glei*tet wild *durch*s Tal.

Naturwissenschaften | Physik

Die in diesem schon fast poetisch klingenden Satz versteckte Formel lautet „P gleich W durch T", und mit ihrer Hilfe lässt sich Leistung (großzügig übersetzt, engl. power) als Funktion von Arbeit (engl. work) und Zeit (engl. time) berechnen. Man beachte den versteckten Sexismus des Merkspruchs; niemand würde sich merken können, dass etwa ein Paul oder Peter „wild" durch das Tal „gleitet".

***Per*sische *Pi*lger des *T(h)ales* *so*llen *bis* *Chi*na *kle*ttern.**

Geschichte | Altertum

Die „sieben Weisen" der griechischen Antike sind eine Gruppe von legendären Dichtern, Philosophen, Politikern und Herrschern, deren „Weisheit" bzw. Lebensweisheit berühmt war und ist. Es sind dies:

Periander, Tyrann von Korinth im 6./7. Jahrhundert, war ein umsichtiger Politiker, der für gute außenpolitische Beziehungen und die innere Stabilität Korinths sorgte.

Pittakos von Mytilene, etwa 650 bis 580 v. Chr., ist berühmt für seine antiaristokratische Politik, z. B. die Einführung einer Luxussteuer; auch gewährte er Amnestie für politische Gefangene.

Thales von Milet, der bekannte Naturphilosoph, lebte von etwa 624 bis 546 v. Chr.; er kam zu für seine Zeit erstaunlichen Erkenntnissen wie der Voraussage einer Sonnenfinsternis und der Erklärung der jährlichen Nilüberflutung. Der geometrische „Satz des Thales" besagt, dass die Basiswinkel in einem gleichschenkligen Dreieck gleich sind, Ihm wird der Ausspruch „Alles ist voll von Göttern" zugeschrieben.

Solon (etwa 640 bis 560 v. Chr.) war der berühmteste Staatsmann Athens, dessen Reformen der Gesetzgebung und des Handels maßgeblich zur Größe Athens beitrugen. Er war auch ein großer Dichter; seine Maxime war: „Nichts im Übermaß."

Bias von Priene lebte in der Mitte des 6. Jahrhunderts v. Chr. und war ein berühmter Richter bzw. Schiedsrichter (nicht DFB!).

Chilon von Sparta lebte ebenfalls in der Mitte des 6. Jahrhunderts v. Chr. und gilt als „Erfinder" der spartanischen, d. h. militärisch-disziplinierten Lebensführung. Auch verzichtete er auf Eroberungen zugunsten einer starken Bündnispolitik.

Kleobulos regierte als Tyrann über Lindos auf Rhodos; er soll Rätsel und Lieder verfasst haben, und sein Lieblingsspruch soll „Maß ist das Beste" gewesen sein. Erstaunlicherweise ist er in Bayern so gut wie unbekannt; nicht einmal beim Oktoberfest wird sein richtungsweisender Spruch über das „Maß"-Halten gewürdigt.

***Phä*nomenale *Iso*lde *trü*bt *mi*tunter *Leu*tnant *Va*lentins *l*iebliche *T*räume.**

Naturwissenschaften | Biochemie

Die Aminosäuren sind die Bausteine der Proteine, sie heißen daher auch proteinogene Aminosäuren; sie sind organische Säuren, und etwa 25 verschiedene sind bekannt. Einige sind zum Aufbau unterschiedlicher Körpersubstanzen (z. B. Hormone, Fermente, Muskelbildung) unbedingt erforderlich, allerdings kann sie der Körper nicht selbst bilden. Diese heißen essenzielle (wesentliche) Aminosäuren. Die obige Eselsbrücke nennt die Anfangsbuchstaben der acht essenziellen Aminosäuren – es sind dies Phenylalanin, Isoleucin, Threonin, Methionin, Leucin, Valin, Lysin und Tyrosin.

Place before time.

Sprache | Englisch

Bei mehreren adverbialen Bestimmungen in einem Satz sollen Ortsangaben immer vor Zeitangaben stehen. Der Satz „They go to the pub every Sunday“ (Sie gehen jeden Sonntag in die Kneipe) ist sicher perfekt formuliert, aber auch „Every Sunday they go to the pub“ wird, wenn die Betonung auf *jeden* Sonntag gewünscht ist, als korrekt durchgehen. Sprache und somit auch die sprachlichen Standards ändern sich je nach Sprachsituation.

PUI

Naturwissenschaften | Physik

Auch für die Ermittlung der Leistung (P) gibt es eine Formel:

$$P = U \times I;$$

gemessen wird sie in Watt, benannt nach Mister James Watt aus Greenock-on-Clyde und somit Schotte (und kein Engländer, dass das klar ist!). Sollte jemand einen Hund namens Uri haben, so könnte er/sie mit dem Ruf „P(f)ui, Uri“ zwei der wichtigsten physikalischen Gesetze in die Alltagswelt einführen und somit zur allgemeinen Bildung beitragen. Wie man sieht, liegen Alltags- und Wissenschaftswelt nicht immer so weit auseinander.

Pythagoras bewiesen hat: $a^2 + b^2 = c^2$.

Mathematik | Trigonometrie

In rechtwinkligen Dreiecken ist das Quadrat über der Hypotenuse gleich der Summe der Quadrate über den Katheten. Dieser schlichte, aber fundamentale Lehrsatz ist vielleicht der bekannteste der Geometrie. Pythagoras, dem die Entdeckung dieses Zusammenhangs zugeschrieben wird, war ein auf Samos geborener griechischer Philosoph; er lebte im 6. Jahrhundert v. Chr. und wirkte in Süditalien, wo er viele Anhänger (Pythagoreer) hatte, die – wie er selbst – glaubten, dass das Wesen der Wirklichkeit durch Zahlen erkennbar sei.

***R**eiche **Ara**ber **xyl**ofonieren **l**eise.*

Naturwissenschaften | Chemie

Kohlenstoff spielt nicht nur allgemein in der organischen Chemie eine zentrale Rolle, auch bei den Zuckern trägt er zu charakteristischen Eigenschaften bei; so bei den Pentosen, Zuckern, die fünf (griech. penta) Kohlenstoffmoleküle enthalten. Der obige, etwas hölzerne und abstruse Merksatz deutet sie an: Ribose, Arabose, Xylose, Lyxose.

Remember, remember the fifth of November.

(auch: Pray, remember … = Bitte, erinnert euch …)

Geschichte / England

England im Jahre 1605 – Elisabeth I. war vor zwei Jahren verstorben und ihr Nachfolger wurde, sehr zum Schrecken des Parlaments und des protestantischen Adels, ein katholischer Stuart, Schottlands König Jakob (James) VI., der als Jakob I. den englischen Thron bestieg. Schon bald wollte er, verständlicherweise, für seine Glaubensbrüder und -schwestern religiöse Tolerierung erstreiten – allerdings scheiterte er am Widerstand des Parlaments. Solchermaßen enttäuscht, fand sich eine Gruppe katholischer Verschwörer zusammen, die das House of Lords (Oberhaus) mitsamt dem König am 5. November in die Luft jagen wollte, mit dabei der (wie man heute sagen würde) Sprengstoffexperte Guy Fawkes, der 20 Fässer Schießpulver in den Parlamentskellern verteilte (daher der Name Gunpowder Plot). Nun merkte ein weiterer Verschwörer, F. Tresham, gerade noch rechtzeitig, dass sich unter den Lords ja auch etliche katholische Glaubensbrüder befanden, u. a. auch sein Schwager, die man ja unbedingt vor diesem Unheil bewahren müsse. Gesagt – getan, Tresham schrieb an seine schwägerliche Lordschaft, er solle am 5. November auf keinen Fall zur Eröffnungsfeier ins Parlament gehen; der Brief gelangte ins „Kabinett" (Privy Council), und Fawkes wurde auf bzw. vor frischer Tat verhaftet. Unter Folter verriet er die Namen seiner Mitverschwörer, alle wurden im Januar 1606 exekutiert – wie damals üblich bei Hochverrat, durch Hängen und Vierteilen.

Zur Erinnerung an den 5.11.1605 gab und gibt es in England die „Fawkes Night" (auch „Guy Fawkes Day") mit Feuerwerk sowie (manchmal) Verbrennen einer Strohpuppe (Fawkes); aus gleichem Anlass werden noch heute vor jeder Parlamentseröffnung die Keller der Houses of Parliament (wenn auch nur rituell) durchsucht.

Rhythm helps you two hips move.

Sprache | Englisch

Die Anfangsbuchstaben der sechs Wörter helfen bei der richtigen Schreibung, das gilt auch für den deutschen „Rhythmus" – das Problem ist die Anzahl der h, nicht das -mus.

Richard of York gave battle in vain.

Naturwissenschaften | Physik

(König Richard aus dem Hause York stellte sich vergeblich zur Schlacht.) Geht man davon aus, dass es sich hierbei um den berüchtigten Richard III. handelt (vgl. Shakespeares gleichnamiges Drama, die Rosenkriege, der Beginn der Tudor-Dynastie), so wird man umso stärker von der Eselsbrücke abgelenkt, denn diese zielt mitnichten auf literarisches oder historisches Wissen, sondern auf die Reihenfolge der Spektralfarben – **r**ot (engl. red), **o**range (dto.), gelb (**y**ellow), **g**rün (green), **b**lau (blue), **i**ndigo (dto.), **v**iolett (violet).

Rot heißt warten, Grün heißt starten.

Alltagswissen | Straßenverkehr

Ein axiomatischer Spruch aus der Verkehrsfrüherziehung (wieder so ein Wort, um das uns viele Völker beneiden); für den schlichten, denkarmen Menschen enthält er auch eine hinterhältige politische Botschaft, die mit den binären Oppositionen links/rechts bzw. backbord/steuerbord (s. dort) konvergiert.

*R*üdiger *u*nd *F*erdinand *s*ind *F*örster.

Geografie | Deutschland

In dieser fürwahr dramatischen Feststellung verstecken sich per Anfangsbuchstaben die fünf größten deutschen Inseln – nämlich Rügen, Usedom, Fehmarn (alle in der Ostsee), Sylt und Föhr (Nordsee).

Sacred manor

Naturwissenschaft | Medizin

(Engl. heiliger Gutshof) Dieses (vokalisch aufbereitete) englische Akronym schlägt die Brücke zum italienischen(!) medizinischen Vokabular; denn die Buchstaben bezeichnen die Hauptbereiche des (nicht nur italienischen) menschlichen Körpers, des „heiligen Hauses"; im Einzelnen sind dies – *s*cheletrico (Skelett), *c*irculatorio (Kreislauf), *re*spiratorio (Atmung), *d*igerente (Verdauung), *m*uscolare (Muskulatur), *n*ervoso (Nervensystem), *r*iproduttivo (Fortpflanzungsorgane).

Sechs – eins – zwei
mit Ninive war's vorbei.

Geschichte | Antike

Ninive, am Oberlauf des Tigris gegenüber Mossul gelegen (heute Nordirak), war von 704 bis 612 v. Chr. die Hauptstadt des assyrischen Reiches, das seit etwa 900 v. Chr. die Oberhoheit über Babylonien (Mesopotamien, die Wiege der Welt) hatte. Gemeinsam mit den Medern fielen die Babylonier in den Norden Assyriens ein, zerstörten zunächst die alte Hauptstadt Assur, dann Ninive und besiegelten damit den Untergang eines fast 1500 Jahre bestehenden Reiches. Das wird zumindest einen Zeitgenossen gefreut haben – den hebräischen Propheten Jona. Der hatte nämlich einige Zeit zuvor den Untergang der Stadt Ninive, deren Name bei den Hebräern gleichbedeutend war mit imperialen Großmachtansprüchen, vorausgesagt und sich zunächst dem Auftrag Jahwes, die Bewohner der Stadt zur Buße aufzurufen, entzogen. Jahwe verschonte aber die Stadt, weil die Bewohner Buße taten. Verständlicherweise war Jona ziemlich sauer darüber und schrieb die ganze Geschichte im Buch Jona auf, welches aber (und das wird ihn post mortem nochmals geärgert haben) leider nur zu den sogenannten „kleinen Propheten“ gezählt wird.

Sechs Nullen hat die Million,
und neun hat die Milliarde schon,
es folgt mit zwölf dann die Billion,
zuletzt mit achtzehn die Trillion.

Mathematik | Arithmetik

Die Null (0) ist mit Abstand die interessanteste Zahl; sie fungiert als „additive Identität“ zu anderen Zahlen und in algebraischen Systemen; sie ist ohne Wert und doch, wie die letzte Weltfinanzkrise gezeigt hat, übermächtig. Erfunden haben sie die Babylonier, die sie (in der Form von drei Haken) überwiegend als Leerzeichen zwischen

Zahlen benutzten – allerdings jedoch, klug, wie sie waren, niemals am Ende einer Zahl. Was hätte uns das erspart, wenn wir die babylonische Tradition fortgeführt hätten! Alle internationalen Börsenspekulanten und Kuponschneider seien daran erinnert, dass im Englischen one billion lediglich (!) eine Milliarde ist, also Obacht geben bei Anweisung, Order und Gewinnmitnahme.

Sechzehnhundertzehn und acht – ab jetzt dreißig Jahre Schlacht auf Schlacht.

Geschichte | Deutschland

Der Dreißigjährige Krieg dauerte von 1618 bis 1648; er war ein gesamteuropäischer Staatenkrieg mit mehreren „Einzelkriegen" (Böhmisch-Pfälzischer Krieg, Niedersächsisch-Dänischer Krieg, Schwedischer Krieg, Schwedisch-Französischer Krieg), und er war ein Religionskrieg zwischen den konfessionellen Bündnissen Union (protestantisch) und Liga (katholisch). Er verursachte Hungersnöte, Seuchen, Massaker, die Entvölkerung ganzer Regionen sowie eine Umwälzung der politischen, sozialen und ökonomischen Verhältnisse in Europa. Der Krieg endete 1648 mit dem Westfälischen Frieden, geschlossen zu Münster und Osnabrück.

Semmel biss der Kater.

Sprache | Latein

Je einfacher, desto einprägsamer: Diese Formel gilt nicht nur für politische Slogans im Wahlkampf, sondern auch für Eselsbrücken. Diese hier nennt die ersten Zähladverbien – semel = einmal, bis = zweimal, ter = dreimal, quater = viermal.

Septem – quinque – tres nata Roma est.

Geschichte | Antike

Siehe (→) Sieben – fünf – drei, Rom schlüpft aus dem Ei.

Sieben – fünf – drei, Rom schlüpft aus dem Ei.

Geschichte | Antike

Dieser von vielen Generationen Geschichtsdaten büffelnder Schülerinnen und Schüler geschätzte Reim ist – wie die meisten eine historische Tatsache vorspiegelnden Daten der vormittelalterlichen Geschichte – eher dem mythologischen als dem geschichtlichen Wissen zu zuordnen. Die Jahreszahl 753 geht auf Marcus Terentius Varro (um 500 v. Chr.) zurück, der sie zum „Jahr null" der Zeitrechnung des römischen Imperiums machte – a. u. c. (ab urbe condita = seit Gründung der Stadt) – aber auch 752 und andere Zahlen werden genannt; Einigkeit besteht – man staunt – lediglich über den Tag: Es war der 21. April, gleich welchen Jahres, der Tag des Festes zu Ehren der Göttin der Hirten Pales. Grundsätzlich liegt dem Datum die mythopolitische Strategie zugrunde, die Gründung Roms von dem in der *Aeneis* Vergils beschriebenen Gründer Aeneas und damit vom Trojanischen Krieg bzw. der Geschichte Griechenlands abzulösen. Das Bruderpaar Romulus und Remus – den biblischen Geschwistern Abel und Kain nicht unähnlich – ist somit das (auch eponyme) historische Symbol für eine nicht griechische Genese Roms, das sich damit auch vom benachbarten Lavinium, der Stadtgründung des Aeneas, und Alba Longa, der seines Sohnes Askanus, abhebt.

Es gibt zudem noch einen grundsätzlichen, in gewisser Weise sogar philosophischen Vorbehalt gegen diesen Reim: Er unterschlägt die Frage nach der dem Ei biologisch vorausgehenden Henne (und, wenn auch in minderer Rolle, dem Hahn).

Siebzehn vor und siebzehn nach
sind dem Luther seine Tach.

Geschichte | Neuzeit

Ein unverhohlen hessischer Merkspruch, phonetisch eigenwillig („Tach" ist mit langem a zu sprechen), großzügig in den zeitlichen Kategorien (aus Jahren werden Tage), pointiert und emphatisch in der pronominalen Zuordnung („dem Luther seine" statt „Luthers"); der Merkspruch soll bei der Memorierung zweier wichtiger Lebensjahre Martin Luthers helfen: Er wurde 17 Jahre vor 1500 geboren (1483, am 10. November), und er veröffentlichte seine 95 Thesen 1517 (am 31. Oktober) in Wittenberg; wie es heißt, nagelte er sie selbst an die Kirchentür der dortigen Schlosskirche und machte sie so seinen beiden Zielgruppen leicht zugänglich, den Kirchgängern und dem katholischen Klerus, der schon früh die Gefährlichkeit der Thesen bemerkte, obwohl Luther ja zunächst nur die Reformierung der institutionellen Auswüchse der Sancta Ecclesia anstoßen wollte

Siehst du die Schmetterlinge tanzen,
kannst du getrost schon draußen pflanzen.

Alltagswissen | Gärtnerei

Dieser Merkspruch verströmt eine Sicherheit und Gewissheit, die Schreber-, Klein- und Hausgärtner ab Ende März nur allzu gern annehmen, um (fast) jeden Preis. Dabei spricht der deutscheste aller Dichter im „Osterspaziergang" noch davon, dass selbst im April „der alte Winter in seiner Schwäche" usw. noch „Schauer körnigen Eises über die grünende Flur" sendet. Außerdem lehrt uns der Wetterbericht tagtäglich – Meteorologen irren; warum also nicht auch Schmetterlinge?

Skat – *S*parta, *K*orinth, *A*then, *T*heben

Geschichte | Antike

So lassen sich die Namen der vier wichtigsten Stadtstaaten im antiken Griechenland in die deutsche Volks- und somit auch Stammtischkultur einbinden.

SKOFGA

Naturwissenschaften | Biologie

Was wie eine russische Traktorenmarke klingt, ist tatsächlich ein Akronym der Kategorien des Klassifikationssystems (auch Taxonomie genannt) in der Biologie; die Kategorien sind in absteigender Linie aufgeführt:

Stamm (latein. phylum)
Klasse (latein. classis)
Ordnung (latein. ordo)
Familie (latein. familia)
Gattung (latein. genus)
Art (latein. species)

Fruchtbare Nachkommen können nur innerhalb der Arten bzw. Unterarten entstehen – was für ein Glück!

Eine andere Eselsbrücke erleichtert das Behalten der Reihenfolge wie folgt: *Stämm*ige *Klasse*n*ordnung* ist in der *Familie*, wenn die *Gattin art*ig ist.

SPA – Sokrates, Platon, Aristoteles

Philosophie | Antike

Die drei großen Philosophen der griechischen Antike sind hier in der Reihenfolge von jeweils Lehrer/Schüler genannt. Mit den Namen verbinden sich gedankliche Weltentwürfe und wissenschaftliche Gebäude, deren Darstellung „in Kürze" sich von selbst verbietet. Und so ließe sich denn mit Miss Julia Capulet fragen: Was ist schon ein Name? („What's in a name?"); nachzulesen bei W. Shakespeare, „Romeo und Julia".

SPOMPT

Sprache | Englisch

Diese Eselsbrücke, ebenfalls ein Akronym, hilft, die Wortstellung im englischen Standardsatz zu behalten: Subjekt (*s*ubject), Prädikat (*p*redicate), Objekt (*o*bject), Art und Weise (*m*anner), Ort (*p*lace), Zeit (*t*ime). Ein Beispiel aus dem Reich männlicher Albträume: „The wife (Subjekt) beat (Prädikat) her husband (Objekt) severely (Adverb der Art und Weise) on the head (Ortsbestimmung) last night (Zeitbestimmung)." (Die Frau schlug ihren Ehemann gestern Abend heftig auf den Kopf.) Wer den Inhalt dieses Satzes mit einer persönlichen Erfahrung verbinden kann, wird (s. Einleitung) diese Eselsbrücke nie mehr vergessen.

Spürst du schon Zipperlein und Gicht, dann trinke besser Rotwein nicht.

Alltagswissen | Gesundheit

Die Überproduktion von Harnsäure, deren Kristalle sich gern in/an den Gelenken absetzen, wird durch die Säure im Rotwein (wie im Weißwein) gefördert. Das ist eine bittere Botschaft für alle Aficionados von Barolo, Bordeaux, Bourgogne, Chablis, Chianti … Zu allem Überfluss ist auch noch von erhöhtem Fleischgenuss in diesem Zusammenhang abzuraten.

Stalagmiten mieten sich unten ein,
Stalaktiten tröpfeln träge von der Decke.

Geografie | Höhlenkunde

Hier handelt es sich möglicherweise um einen Anwärter für die Kategorie „nutzloses Wissen“: Die Unterscheidung der durch jahrtausendelang tropfendes Wasser entstandenen und oft zu bizarrer Schönheit gewachsenen Kalksteingebilde in Tropfsteinhöhlen in von unten (Stalagmiten) und von oben (Stalaktiten) wachsende Zapfen ist umso weniger nachvollziehbar, als beide etymologisch auf das griechische Verb stalassein = tropfen zurückgehen; nur dem altphilologisch Gebildeten könnten die unterschiedlichen Konsonanten in griech. stalak**t**os = tropfend und stalag**m**a = ein Tropfen weiterhelfen. Die Engländer haben es sich da deutlich einfacher gemacht: stala**g**mite – **g**round (Boden); stala**c**tite – **c**eiling (Decke).

Stämmige Klassenordnung ist in der Familie,
wenn die Gattin artig ist.

Naturwissenschaften | Biologie

Siehe (→) SKOFGA

Stiller Zug, leichte Brise,
***mäßig frischer*, dann *starker Wind*,**
noch *steifer, stürmischer*, dann *Sturm*,
erst *schwer*, dann *orkanartig*,
dann *Orkan*, da wackeln Baum und Turm.

Alltagswissen | Wetterkunde

Die von dem englischen Admiral Sir Francis Beaufort im Jahre 1806 eingeführte und nach ihm benannte Skala zur Messung der Windstärke ist aus der Meteorologie und insbesondere der Seefahrt nicht mehr wegzudenken. Der etwas holprige Merkvers nennt die Charakteristika der Windstärken von 1 bis 12 in aufsteigender Linie:

Windstille = Windstärke 0
leiser Zug = 1
leichte bzw. schwache Brise = 2 bzw. 3
mäßige bzw. frische Brise = 4 bzw. 5
starker bzw. steifer Wind = 6 bzw. 7
stürmischer Wind = 8
Sturm = 9
schwerer Sturm = 10
orkanartiger Sturm = 11
Orkan = 12.

***Sti*nes *sieb*en *Keil*er sind *hinter*sinnige *Schl*eimer.**

Naturwissenschaften | Medizin

In diesem holprig reimenden Merksatz könnte die Zahl sieben irritieren, denn genannt sind hier lediglich die fünf Knochen der Schädelbasis, nämlich Stirnbein, Siebbein, Keilbein, Hinterhauptbein und Schläfenbein.

***T*äglich *p*ulsiert *m*eine *A*orta.**

Naturwissenschaften | Medizin

Jeder hat sie, kaum einer kennt sie, schon gar nicht in ihrer Reihenfolge. Selbstverständlich reden wir, wie die gebildete Leserschaft längst bemerkt hat, von den Herzklappen, latein. valvulae cordis, dt. Herzventile. Diese sind: Tricuspidalis (dreizipflige Segelklappe rechts), Pulmonalis, Mitralis (zweizipflige Segelklappe links), Aortalis. Die erste und die dritte Klappe (Atrioventrikularklappen) lassen das Blut aus den Vorhöfen in die Kammern fließen, die zweite und vierte (Taschenklappen) lassen das Blut aus dem Herzen strömen, wenn sich die Kammern zusammenziehen, und schließen sich dann (wie Rückschlagventile). Und das alles funktioniert, ohne dass wir einen Gedanken daran verschwenden. „Herz, mein Herz, was soll das geben?“, fragt zu Recht der Dichter.

The desert has no sugar, dessert has two.

Sprache | Englisch

Richtige Schreibung und Aussprache verraten auch hier den Kenner: Desert (Wüste) hat ein s und wird auf der ersten Silbe betont, dessert (Nachspeise) hat deren zwei und hat den Akzent auf der zweiten Silbe. Aber: In beiden Wörtern ist das s stimmhaft, und daher ist die Aussprache beider Wörter gleich (bis auf den Akzent). Es ist schon ein Unterschied, ob jemand im Restaurant Eiskrem zum Nachtisch bestellt oder in der Wüste. Und der Ober würde, je nach Aussprache, dann evtl. mit Bedauern antworten, dass Nachtisch leider nicht in der Wüste serviert wird: „We don't serve dessert in the desert, I'm afraid.“

To choose chooses an o, to lose loses an o.

Sprache | Englisch

Eine der beliebtesten Verwechslungen von Englischlernenden ist die Anzahl der os bei to choose (wählen) und to lose (verlieren), da beide mit langem o gesprochen werden. Finale Klärung soll der Merkspruch bringen. Wem dies zu einfach ist, der kann noch engl. loose (lose; allerdings kurz und mit stimmlosem s gesprochen) und to loosen (lösen, ebenso ausgesprochen) mit hinzunehmen. Dann wäre ein schöner (weil verwirrender) Spruch: To loosen chooses the o that to lose has lost (Lösen wählt das o, das verlieren verloren hat).“

Toronto girls can flirt and other queer things can do.

Naturwissenschaften | Mineralogie

Dieser englische Satz (Die Mädels aus Toronto können flirten und noch andere seltsame Dinge tun.) erleichtert das Memorieren der mohsschen Härteskala, nach welcher die sog. Ritzhärte (was für ein Wort!) von Mineralien bestimmt wird. Diese skaliert von 1 bis 10 aufsteigend die Mineralstoffe dergestalt, dass der erste der weichste ist und von dem nachfolgenden (und härteren) „geritzt" werden kann – Gips ritzt Talk, Calcit ritzt Gips usw.; der Herr Friedrich mohs war selbst ein „harter Knochen", der sich vom Grubenvorarbeiter zum Professor der Mineralogie hocharbeitete. Hier ist die Skala: 1 *T*alk, 2 *G*ips, 3 *Ca*lcit, 4 *Fl*uorit, 5 Apatit, 6 *O*rthoklas, 7 *Qu*arz, 8 *T*opas, 9 *C*orund, 10 *D*iamant.

Voll die Härte, oder?

Tragrelesci Melipoma

Geografie | Italien

Diese beiden „Unsinnswörter" (auf Italienisch noch drastischer „parole demenziali" genannt) setzen sich zusammen aus den Anfangsbuchstaben der acht bekanntesten Winde in Italien, von denen einige auch bei uns bekannt sind:

*Tra*montana, der Nordwind von „jenseits" der Berge;

*Gre*co, der Grieche (nicht El Greco, der spanisch-griechische Maler), der von jenseits der Adria weht;

*Le*vante, der Ostwind;

*Sci*rocco, der heiße und – weil er aus der Sahara herüberweht – oft sehr staubige Südwind, der aber auch feuchte Meeresluft mitbringen kann;

*Me*zzogiorno, der Mittagswind aus dem Süden;

*Li*beccio oder *Li*becciata, ein regionaler Herbst- und Winterwind;

*Po*nente, der Westwind, der abends weht;
*Ma*estrale, der starke, kühle Sommerwind aus Südwest.

Trenne nie st, denn es tut ihm weh.

Sprache | Deutsch

Mit diesem Merkspruch sind viele Generationen von Schülerinnen und Schülern aufgewachsen; heute, nach Rechtschreibreform und Reform der Rechtschreibreform, hat er seine Gültigkeit verloren und nur die Ewigges-trigen und Reformläs-terer werden unsere Begeisterung darüber nicht teilen können.

TWEN – ZEHE – VASE

Sprache | Deutsch

Die drei Wörter stellen Akronyme dar, die in jeweils unterschiedlicher Benennung die wichtigsten Wortklassen bezeichnen; an den Benennungen wiederum lassen sich drei Lernphasen der die deutsche Grammatik lernenden Schülerschaft festmachen, grob gesagt von der Fibel bis zum Abi, korrekt formuliert von der Grundschule über die Sekundarstufe I bis zur Sekundarstufe II: TWEN = Tuwort, Wiewort, Eigenschaftswort, Namenwort; ZEHE = Zeitwort, Eigenschaftswort, Hauptwort, Eigenname; VASE = Verb, Adjektiv, Substantiv, Eigenname. Jede/-r nach ihrem/seinem Geschmack oder, wie man in Frankreich sagt: „À chacun son goût.“

Un, deux, trois,
je m'en vais au bois,
quatre, cinq, six,
cueillir des cerises,
sept, huit, neuf,
dans mon panier neuf,
dix, onze, douze,
elles seront toutes rouges.

Sprache | Franzosisch

(Eins, zwei, drei, ich gehe in den Wald, vier, fünf, sechs, Kirschen pflücken, sieben, acht, neun, in meinen neuen Korb, zehn, elf, zwölf, sie werden ganz rot sein.) Dieser Zählreim ist in französischen Kindergärten und Vorschulen sehr beliebt, aber einige Wörter sind durchaus auch für den touristischen Marktgang in den hübschen Ortschaften der Bretagne oder am Mittelmeer nützlich.

UNI SPA UNA

Naturwissenschaften | Biologie

Die Vererbungslehre verdankt ihre wissenschaftlichen Grundlagen einem bemerkenswerten Mann mit einem besonderen Interesse an Hülsenfrüchten. Dieser Mann hieß Gregor Johann Mendel (1822 bis 1884), und dass er es war, der diese Wissenschaft begründete, war in gewisser Weise eine Ironie der Geschichte, denn Bruder Gregor war Augustinermönch und als solcher mit der biologisch-physischen Weitergabe von Leben und Erbgut eher wenig vertraut. Die „mendelschen Gesetze" für die Vererbung einfacher Merkmale fand er heraus bei Kreuzungsversuchen mit Erbsen und Bohnen. Drei dieser Gesetze sind in den obigen Kürzeln angedeutet; es sind dies 1. die *Uni*formitätsregel, der zufolge bei Kreuzung zweier Individuen der gleichen Art, die sich in einem Merkmal unterscheiden, die Nachkommen in diesem Merkmal alle gleich sind. 2. Nach der *Spa*ltungsregel verteilt sich das Merkmal bei Mischlingen, die nach der Uniformitätsregel entstanden sind und untereinander gekreuzt werden, bei der folgenden Generation im Verhältnis drei zu eins. 3. Die *Una*bhängigkeitsregel besagt, dass bei jeder Kreuzung die Erbanlagen für jedes Merkmal unabhängig von anderen Merkmalen weitergegeben werden.

Unus, solus, totus, ullus,
uter, alter, neuter, nullus,
alius, ipse fordern alle
-ius in dem zweiten Falle,
doch im Dativ enden sie
stets mit einem langen i.

Sprache | Latein

Auch dieser Merkspruch (einer, allein, ganz, irgendeiner, / welcher von beiden, der eine/andere, keiner von beiden, niemand/ein anderer, selbst) war ein richtiger „Schlager", der im Chor in allen Lateinklassen lautest und auch auf Straßen und Schulhof vernehmlich herausposaunt wurde; leider steht sein Bekanntheitsgrad in keinem Verhältnis zu seinem Nutzen, aber welcher leidgeprüfte Sextaner (neudeutsch = fünfte Klasse) hätte daran schon gedacht bzw. zu denken gewagt.

URI

Naturwissenschaften | Physik

Hinter dem Namen des Schweizer Kantons Uri verbirgt sich das ohmsche Gesetz, benannt nach dem deutschen Physiker Georg S. Ohm aus Erlangen; es definiert die Beziehung zwischen elektrischer Spannung (U), Widerstand (R) und Stromstärke (I): $U = R \times I$. Seither wird die Stärke des Widerstands in Ohm angegeben; entsprechend wurden auch Monsieur André M. Ampère aus Lyon für die

Stromstärke und Conte (Graf) Alessandro Volta aus Como für die Stromspannung verewigt. Eventuell sitzen diese drei Herren mit Mr James Watt irgendwo da oben bei einem Plausch und einem Glas Wein zusammen und freuen sich über dieses nette (quasi literarische) Zusammentreffen.

Viens mon chou, mon bijou, mon joujou, sur mes genoux, et jette des cailloux à ce hibou plein de poux.

Sprache | Französisch

(Komm, mein Kohlkopf, mein Schätzchen, mein Spielzeug, auf meine Knie, und wirf Kieselsteine nach dieser Eule voller Läuse.) Mit dieser Eselsbrücke sollen sich die französischen Schülerinnen und Schüler und mit ihnen Generationen frankophiler Studis außerhalb dieses schönen Landes die auf ou endenden Substantive merken, die zur Pluralbildung ein x (und nicht, wie üblich, ein s) erhalten. Die Franzosen können auch schlichteste und abstruseste Inhalte (eine verlauste Eule!) formulieren, und es klingt immer noch charmant.

Vier – sieben – sechs, und Rom war ex.

Geschichte | Mittelalter

Das hätte sich der Germanenkönig Odoaker (etwa 430 bis 493 n. Chr.) wohl auch nicht träumen lassen, dass er im Jahre 476 n. Chr. mit der Absetzung des weströmischen Kaisers Romulus Augustulus diesen Meilenstein der Geschichte setzen würde; und dabei hätte er leicht selbst der nächste Kaiser werden können, aber seine Soldaten machten ihn lediglich zum König – ein Fehler, den der oströmische Kaiser Zenon in Byzanz (wahrscheinlich händereibend) zur Kenntnis nahm, ihn lediglich als „magister militum“ (etwa „Feldherr“) anerkannte und somit seinen eigenen Anspruch auf das Weströmische Reich behauptete. So kann's gehen, Bescheidenheit ist eben nicht immer eine Tugend.

Vierzehn bis achtzehn tobt der Weltkrieg, dann wird das Deutsche Reich zur Republik.

Geschichte | Deutschland

Der Erste Weltkrieg (1914 bis 1918) ging in die Geschichte ein als der erste Vernichtungskrieg mithilfe neuartiger technologischer (Panzer, Flugzeuge) und chemischer Waffen (Senfgas). Dem Deutschen Reich wurde von den Alliierten die Alleinschuld am Krieg gegeben, was zwar historisch richtig war, aber dennoch den Keim legte zu einem Unrechtsmythos mit fatalen Folgen. Kaiser Wilhelm II. wurde durch die Novemberrevolution 1918 abgesetzt und die Republik wurde ausgerufen; Am 11.8.1919 wurde die Weimarer Reichsverfassung verabschiedet, und Friedrich Ebert wurde der erste Reichspräsident der Weimarer Republik.

Vierzehnhundertzweiundneunzig – Kolumbus sieht die Bahamas und freut sich.

Geschichte | Neuzeit

Der Genueser Cristoforo Colombo, im Dienst der spanischen Krone unterwegs nach Indien, war sich absolut sicher, dass er nach monatelanger Seefahrt nach Westen am 12. Oktober 1492 eine zu Indien gehörende Inselgruppe entdeckt hatte, und nannte, sicherlich freudig erregt, die erste davon San Salvador.

Heute heißen diese Inseln, die in einem weiten Bogen die Halbinsel Florida umspannen und inzwischen ein unabhängiger Staat geworden sind, die Bahamas und sind ein zum britischen Commonwealth zählendes Zocker- und Steuerparadies für amerikanische (und andere) Glücksritter. Man stelle sich vor, Kolumbus' Bruder

Bartolomeo hätte, als er 1487 dem englischen König Heinrich VII. das Projekt „Seeweg nach Indien" andienen wollte, Erfolg gehabt – England wäre einhundert Jahre früher Kolonialmacht geworden, ganz Südamerika würde Englisch sprechen, wilder Samba anstelle von dressiertem Quickstep wäre die englische Tanzdomäne geworden und Kaffee statt Tee das englische Nationalgetränk …

Völker, Männer, Flüsse, Wind
und Monate immer Masculina sind.

Sprache | Latein

Wer hätte das gedacht – die männliche Signifizierung der Realität durch Sprache hat auch bei den Römern stattgefunden; dass Flüsse männlich sind, liegt an dem Namenszusatz fluvius (Fluss) im Lateinischen (Rhenus fluvius für Rhein).

Volt mal Ampere ergibt in Watt,
was der Strom geleistet hat.

Naturwissenschaften | Physik

Dieser Merkspruch enthält eine andere (weniger wissenschaftliche) Formel zur Berechnung der (elektrischen) Leistung; sie gleicht der unter PUI aufgeführten und erläuterten Formel.

War das Mädchen brav,
bleibt der Bauch konkav,
hat sie aber Sex,
wird er schnell konvex.

Naturwissenschaften | Physik

Diese Eselsbrücke vermittelt Grundlagenwissen der Physik mit schlichter moralischer und – insofern zeitlich bestimmbarer – Logik; sie lässt sich auf die Fünfzigerjahre des letzten Jahrhunderts (oder noch früher) datieren, als „brav“ zu sein noch oberstes Erziehungsziel war und Verhütung und Pille als verwerflich bis sündhaft, wenn nicht gar kriminell, galten. Damals konnte Frank Sinatra in einem seinerzeit sehr bekannten Schlager noch singen, „Love and marriage, … you can't have one without the other“ (Liebe und Heirat … man kann das eine nicht ohne das andere haben) – was natürlich nicht für ihn selbst galt; auch die Filmindustrie in Hollywood tat das Ihre zur „Naturalisierung“ dieser kulturellen Konvention.

Was nicht Frau ist und nicht Mann, das sieht man als Neutrum an.

Sprache | Grammatik

So einfach ist das also; diesem Prinzip verdanken wir „das“ Kind (dto. andere geschlechtlich „neutrale“ Lebewesen, wie das Fohlen, das Kalb, das Küken). So muss „der“ Säugling, wenn er weiblich ist und schon Brigitte heißt, noch zwei linguistische Genusveränderungen durchmachen – „er“ (= Brigitte) wird erst „das“ Mädchen, bevor „es“ zur Frau wird; der Säugling Karlheinz hingegen wächst zu „dem“ Knaben und „dem“ Mann heran, ohne linguistische Metamorphosen. Der Sänger James Brown hatte schon recht mit seinem Lied – „This is a man's world“ (Dies ist eine Männerwelt).

Wat jeht, Rosalie?

Geschichte | USA

Diese berlinerisch daherkommende Anmachefloskel schlägt eine Brücke zur amerikanischen Geschichte; sie erinnert an vier große amerikanische Präsidenten, deren mit etwa 20 m angemessen große Köpfe (zwischen 1934 und 1939 von Vater und Sohn Borglum) in den Granit des Mount Rushmore, eines Bergs in den Black Hills von South Dakota, gemeißelt wurden – George *Wa*shing*t*on, Thomas *J*efferson, Theodore *Ro*osevelt, *A*braham *Li*ncoln.

**Wein auf Bier,
das rat ich dir;
Bier auf Wein,
das lasse sein.**

Alltagswissen | Ernährung

Lange Zeit galt dieser Spruch (der aus unerfindlichen Gründen in der Wartburg zu finden sein soll) als verkappte Verkaufsstrategie cleverer Kneipiers, die ihren – im Vergleich zum Bier – teureren Wein den bereits angeschickerten und somit in ihrem Geschmacksurteil getrübten Gästen verkauften; wer andererseits mit Wein begonnen hatte, sollte nach dieser Logik vom Wechsel zum billigeren Bier abgehalten werden. Dies ist aber eine (verleumderische) Legende. Die Wahrheit scheint vielmehr zu sein, dass einst mit dem Wechsel vom Bier zum Wein ein sozialer (und Wohlstand signalisierender) Aufstieg symbolisiert wurde bzw. umgekehrt ein entsprechender Abstieg. Wie auch immer, der Leber ist's egal, „Alk" bleibt „Alk".

***W*elcher *S*eemann *l*iegt *b*ei *N*acht *i*m *B*ett?**

Geografie | Deutschland

Die Antwort ist – keiner, denn wie wir wissen, sitzen alle Seeleute entweder nachts in Kneipen und singen Seemannslieder, oder sie kämpfen auf den Weltmeeren gegen Sturm, Piraten und Müdigkeit, und wenn sie überhaupt nachts irgendwo liegen, dann in Kojen oder Hängematten. Anstatt eine befriedigende Antwort wenigstens anzudeuten, nennt uns diese Eselbrücke dafür die Namen der Ostfriesischen Inseln, und zwar aufgereiht von Ost nach West – Wangerooge (man vergesse bloß nie, das letzte e deutlich auszusprechen; die Eingeborenen dort sind in diesem Punkt sehr empfindlich), Spiekeroog, Langeoog, Baltrum, Norderney, Juist (mittiges i, immerhin) und Borkum. In einer Variante vertritt „Nanni" die Nacht.

Welpen sind die Hundekinder,
Kälber neugeborne Rinder,
und die Nachkommen von den Pferden
nennt man Fohlen hier auf Erden.

Naturwissenschaften | Biologie

Da haben die armen rosigen Ferkel und die Küken Pech gehabt – es gibt reimbedingt keinen Platz für sie in dieser Kinderstube.

Wenn die Schwalben tiefer fliegen,
werden wir bald Regen kriegen.

Alltagswissen | Wetter

Dies ist die zweite – und vermutlich bekanntere – Hälfte des Merkspruchs siehe (→) Fliegen die Schwalben in den Höh'n …

Wenn wider nur dagegen meint,
dann ist das e dem i sein Feind;
wenn wieder aber nochmals meint,
dann sind dort i und e vereint.

Sprache | Deutsch

Wider im Sinne von gegen – Widerstand, erwidern, widerwärtig – schreibt sich ohne e; zugleich gilt: Rettet dem Dativ, auch wenn's weh tut! – Das e ist „dem i sein Feind" (da schüttelt es den sprachlich sensiblen Leser). Wieder mit dem e impliziert Wiederholung; Wiederholung (sic!), alles klar?

Wer auf Erden stapft dick und schwer, hüpft auf dem Mond als sein Sechstel umher.

Naturwissenschaften | Physik

Die Schwerkraft, auch Gravitation genannt, ist auf Erden wunderbar und segensreich– sie hält uns am Boden fest, in Darmstadt ebenso wie in Sidney, obwohl doch eigentlich, da die Erde ja (fast) eine Kugel ist, … aber lassen wir das, es ist eine andere Geschichte. Der Mond hingegen, der getreue Trabant der Erde, hat aufgrund seiner geringeren Größe (1735 km Radius = gut ein Viertel des Erdradius) und geringeren Masse (1/81 der Erdmasse) und Dichte (0,61 der Erddichte) nur ein Sechstel der Oberflächenschwerkraft der Erde. Wer also übergewichtig ist und dennoch große Sprünge machen will, sollte die Mondoption im Auge behalten; ach ja – und wenn die Reise dann irgendwann tatsächlich ansteht, die Waage nicht vergessen.

Wer brauchen ohne zu gebraucht, braucht brauchen überhaupt nicht zu gebrauchen.

Sprache | Deutsch

Diese Regel gilt für die Verwendung von brauchen im Sinne von tun sollen (bzw. nicht), also z. B. Ich brauche nicht zu kommen. Wird brauchen aber im Sinne von benötigen gebraucht, braucht brauchen kein zu.

We require a mnemonic to remember e whenever we scribble math.

Mathematik | Zahlentheorie

(Jedes Mal wenn wir Mathematik kritzeln, benötigen wir eine Gedächtnisstütze, um uns an e zu erinnern). Ähnlich wie bei der die Kreiszahl Pi abbildenden Eselsbrücke ist es auch hier, bei der eulerschen Zahl e (benannt nach dem schweizerischen Mathematiker Leonhard Euler), die Anzahl der Buchstaben je Wort, die aneinandergereiht die Zahl 2,7182818284… ergeben. Die eulersche Zahl ist die Basis der Exponentialfunktion und der natürlichen Logarithmen. Aussprachegourmets werden wissen, dass im Englischen das erste m in mnemonic stumm ist.

Wer nämlich mit h schreibt, ist dämlich.

Sprache | Deutsch

Dies ist wohl der bekannteste Merkspruch der deutschen Sprache; das Urteil der Dämlichkeit für diesen leichten Fehler zu fällen ist schon recht harsch, zumal der Wortsinn von nämlich, ungeachtet der Etymologie, nur schwer an den Namen zu binden ist. Dämlich ist verwandt mit dumm und niederdeutsch damelen = kindisch, von Sinnen, auch angetrunken sein.

Wie hoch, wie lang, wie tief, wie breit
und dann dazu noch wie weit,
wie lange und wie alt,
regieren den 4. Fall; so der Sachverhalt.

Sprache | Deutsch

Gott sei Dank braucht der/die normal sozialisierte und enkulturierte deutsche Muttersprachler/-in nicht oder evtl. nur selten zu überlegen, wie sie/er die zeitlichen und räumlichen Bestimmungen grammatikalisch korrekt konstruiert, nämlich mit dem Akkusativ. Aber: Sicher ist sicher.

_Wi_e _st_umm _zwi_schen _Krebs_ und _Löwe_
die _Jungfrau_ _wa_r;
der _sk_andalerprobte _Schütze_
_stein_igte am _Wasser_ die _Fische_.

Naturwissenschaften | Astronomie

In diesem fast einem Haiku, dem japanischen Siebzehnsilber, ähnelnden Merkspruch sind alle Tierkreiszeichen in der richtigen zeitlichen Reihenfolge aufgeführt: Widder (Frühlingszeichen), Stier, Zwillinge, Krebs (Sommerzeichen), Löwe, Jungfrau, Waage (Herbstzeichen), Skorpion, Schütze, Steinbock (Winterzeichen), Wassermann, Fische. Die sechs Zeichen vom Steinbock bis zu den Zwillingen werden „aufsteigende Zeichen" genannt, weil die Sonne sie nach Norden aufsteigend durchläuft; die „absteigenden Zeichen" Krebs bis Schütze durchläuft sie entsprechend in südlicher Richtung. Seit dem Altertum wurde den Sternbildern der Tierzeichen ein wesentlicher Einfluss auf das menschliche Schicksal zugeschrieben (Astrologie).Den Tierzeichen entsprechen jeweils die (beobachtbaren) Sternbilder; allerdings steht die Sonne bei Frühlingsanfang, bedingt durch eine abweichende Neigung der Erdachse (Präzession genannt), nicht mehr am Beginn des Sternbildes Widder, sondern etwa der Fische.

Wo Werra sich und Fulda küssen,
sie ihren Namen büßen müssen,
und hier entsteht durch diesen Kuss,
deutsch bis zum Meer, der Weserfluss.

Geografie | Deutschland

Die Weser entsteht aus dem Zusammenfluss von Werra und Fulda und „entspringt“ insofern nicht. Die Feststellung heimatkundlicher Besonderheit kann eigentlich, wenn auch gereimt, nicht als Eselsbrücke gelten; jedoch ist die vaterländische Erotik dieses Merksatzes einmalig und verdient Würdigung. Der Vers steht übrigens (seit 1899) auf dem Weserstein in Hannoversch Münden, dem Ort dieser Vereinigung. Ein zweiter Weserstein, errichtet im Jahr 2000, berichtet von der traurigen Fulda, die ihre namentliche Identität Buchstaben für Buchstaben an die Weser verlor. „Wer da“ – dieser alte militärische Nachtruf hätte sich doch ganz gut als Name gemacht und beide Namen identitätserhaltend vereinigt; so aber gab es einen auch linguistisch folgenreichen Kuss und eine ebenso schmerzvolle wie verlustreiche Vereinigung – fürs Vaterland, wer wollte da hadern!

Yesterday, ago und last
erfordern stets das „simple past“.

Sprache | Englisch

Die Adverbien der Zeit gestern, vor und letzte (im Sinne von vergangen, gestrig) zeigen immer die Verwendung der einfachen Vergangenheit (Imperfekt, Präteritum) an – „Yesterday, love was such an easy game to play“, singt Paul McCartney in einem der berühmtesten Popsongs der Beatles.

Zebrastreifen zeigen jedem an, wo man sicher gehen kann.

Alltagswissen | Straßenverkehr

Allerdings sollte man in den südeuropäischen Ländern mit dem Vertrauen darauf vorsichtig sein; dort gilt hier und da die Formel „(Motor-)Kraft vor Recht". Der Vollständigkeit halber sollte noch erwähnt werden, dass der Merkspruch sich nicht auf natürliche Vorkommen von Zebrastreifen (Savanne, Zoo) bezieht.

Zin*k* + *K*upfer = Messing

Naturwissenschaften | Chemie

Wir alle kennen es, das gelbe oder leicht rötliche „Metall", das tatsächlich aber eine Legierung aus 55 bis 90 % Kupfer und entsprechend mehr oder weniger Zink ist. Es ist fest und beständig, aber auch gut verarbeitbar, weshalb es in der Herstellung von kunstvollen Griffen, Lampen, Türschlössern und Münzen Verwendung findet. Bronze dagegen, ebenfalls eine Kupferlegierung, besteht aber aus Kupfer und Zinn bzw. Blei, Aluminium oder anderen Metallen. „Messingsch" hingegen ist eine im Norden Deutschlands gesprochene halbmundartliche Sprache, manche sagen auch, es sei lediglich schlampig gesprochenes Hochdeutsch; man spricht von Bielefelder oder Mindener Messingsch.

Zuerst das Wasser, dann die Säure, sonst passiert das Ungeheure.

Naturwissenschaften | Chemie

Das Ungeheure ist durchaus gefährlich; bei der Reaktion von Säure und Wasser entsteht Hitze, die sich bei der Verdünnung der Säure im Wasser besser verteilt.

Zugi, Glocki und Monti schauen auf zu Evi.

Geografie | Geologie

Europa schaut andächtig und ehrfurchtsvoll auf Asien; gemeint sind mit diesem etwas albern klingenden Vers die höchsten Berge der Alpen, nämlich

die Zugspitze (2 962 m)
der Großglockner (3 798 m)
der Montblanc (4 807),

die dem höchsten Berg der Erde Reverenz erweisen, dem Mount Everest (ursprünglich tibetisch „Chomolungma" genannt) mit stolzen 8 846 m; damit ist er noch gut 200 m höher als Großglockner und Montblanc zusammen.

Zwei Helden folgen einer Holden.

Sprache | Englisch

Die ebenfalls gern verwechselten (ablautenden) Verbformen von to hold (halten) lassen sich mit diesem kleinen Satz meistern – to hold, held, held.

**Zweihöckrig lebt das Trampeltier;
das Dromedar, das merkst du dir,
hat einen nur, doch ohn Geneide,
denn Kamele sind sie beide.**
Naturwissenschaften | Biologie

Damit ist dann immer noch nicht geklärt, worauf die Beschimpfung „Du Kamel" nun taxonomisch eigentlich zielt – auf das asiatische Kamel, das Trampeltier, oder auf das bei Weitem bekanntere nordafrikanische Dromedar (griechisch für Lauftier), das traditionelle Last- und Reittier der arabischen Welt. Das wird aber nichts an dieser wohl populärsten aller Beschimpfungsmetaphern ändern.

**Zwei – null – zwei,
bei Zama Keilerei.**
Geschichte | Antike

Bei Zama, wahrscheinlich nahe dem heutigen Maktar in Nordtunesien gelegen, wurde im 2. Punischen Krieg Hannibal von dem Römer Scipio Africanus d. Ä. und seinem Heer geschlagen. Mit dieser Niederlage begann der Abstieg Karthagos, das einige Zeit die große Rivalin Roms im Mittelmeerraum war.

**Zwei Punkte begrenzen Strecken,
Strahlen sind einmal fixiert.
Wo unbegrenzt sich Linien recken,
sind sie als Geraden definiert.**
Naturwissenschaften | Mathematik | Geometrie

Damit sind sämtliche „Striche" in der Geometrie beschrieben, die beidseitig begrenzten (Anfang, Ende) Strecken, die einseitig begrenzten (Anfang) Strahlen und die beidseitig unbegrenzten (ohne Anfang und Ende) Geraden.

Zwölf – neun – eins gegründet war die Schweiz.

Geschichte | Mittelalter

So holprig wie der Reim war auch die Gründung der „Alten Eidgenossenschaft", innerhalb derer die drei Kantone oder damaligen „Waldstätten" (es gab auch „Talschaften") 1291 ein altes bestehendes Bündnis in einem „Bundesbrief" erneuerten. Dieser Bundesbrief gilt seither als Gründungsurkunde, auch wenn (oder gerade weil) darin bereits von Geld die Rede ist – ein ebenso ungewöhnlicher wie ominöser Umstand. Ein wenig weiter südlich in Siena gab es nämlich bereits seit etlichen Jahren die Gran Tavola, den großen Tisch, die größte und mächtigste Bank des 13. Jahrhunderts in Europa; sie war allerdings um 1290 durch den Verlust einiger Großkunden wie Philipp IV. von Frankreich und Papst Bonifatius VIII. ins Wanken geraten. Könnte es sein, dass der Bundesbrief die weiterführende Bezeichnung wurde – etwa zu Bundesanleihe, Bundesbürgschaft, und Bundesbank? „Honi soit qui mal y pense", sagen die Franzosen (Ein Schelm, der schlecht darüber denkt). Es heißt, dass nach 1290 nur „ein Teil" (sic!) der päpstlichen Transaktionen nach Florenz verlagert wurde …

Register